»O du fröhliche, o du selige, gnadenbringende Weihnachtszeit«. Auf den »schönsten Abend eines Kinderjahres« (Erich Kästner), auf die fröhliche – und manchmal auch unselige – Weihnachtszeit freuen sich auch die Erwachsenen. Dieses Lesebuch versammelt Erzählungen über polnische Weihnachtsgänse, festliche Orgien, Hausmusik, kleine und große Geschenke, Familienglück und Einsamkeit, Herzenswärme und kalte Herzen in heiligen und heillosen Nächten.

Mit Beiträgen von Peter Härtling, Marie Luise Kaschnitz, Patricia Highsmith, Knut Hamsun, Doris Dörrie, Carson McCullers, Dylan Thomas und anderen.

insel taschenbuch 3384
Fröhliche Weihnachten

Fröhliche Weihnachten

Ausgewählt von Kathrin Grothe

Insel Verlag

Umschlagabbildung: Lebkuchen-Christbaumschmuck
Mit freundlicher Genehmigung von Reinhard Schönthier
www.lebkuchenparadies.de

insel taschenbuch 3384
Originalausgabe
Erste Auflage 2008

Quellennachweise am Schluß des Bandes
Vertrieb durch den Suhrkamp Taschenbuch Verlag
Umschlag: Michael Hagemann
Satz: Hümmer GmbH, Waldbüttelbrunn
Druck: CPI – Ebner & Spiegel, Ulm
Printed in Germany
ISBN 978-3-458-35084-2

1 2 3 4 5 6 – 13 12 11 10 09 08

Inhalt

Peter Härtling
Zwei Lieder

Die Türen zu Herren- und Speisezimmer sind verschlossen; dort werden Geschenke gestapelt. Aber andere Geschenke dürfen wir sehen und in Empfang nehmen. Wenn es schellt, rennen Lore und ich zur Tür. Manchmal werden wir enttäuscht, dann ist es der Briefträger oder irgendein Besucher, doch oft stehen eine Bäuerin oder ein Bauer vor der Schwelle, verlangen Vater und Mutter zu sprechen. Sie werden in die Küche geführt, und dort ziehen sie aus Korb oder Tasche den Segen, der uns graust und anzieht: einen Hasen, eine Gans, eine Ente. Es seien »Naturalien«, erklären sie. Ein Wort, das sich mir einprägt, sich ständig weitet und am Ende zahllose nützliche Dinge einschließt. Mit diesen Naturalien danken sie Vater, der sie vor Gericht verteidigt hat. Oft sind es Tschechen, die aus kleinen Orten in der Hana, der großen Ebene an der March, angereist kommen.

So gut wird es uns nie wieder gehen, sagt Mutter ein ums andere Mal. Vater ist stolz. Er erzählt von den Spendern, diesen »armen Würsteln«, die sich mit dem neuen Recht nicht auskennen.

Eine Gans und zwei Hasen bleiben übrig; alles andere wird weiterverschenkt, an Bohumila, unser tschechisches Dienstmädchen, an den alten Anwalt, an dessen Freunde, an Klienten.

Mutter hält sich fast nur noch in der Küche auf, rupft, zieht ab, berauscht sich mit Bohumila über die Erweiterung des Küchenzettels: daß wir einmal richtig schlemmen können und nicht nur zwischen Erbseneintopf, Armem Ritter und Kartoffelgulasch zu wählen haben.

Es wäre schön, wir könnten so, geschäftig und redend, auf das Fest zutreiben, ich könnte ungefragt von der Schule erzählen, vor der ich mich geängstigt habe, in der ich aber unerwartet rasch Freunde gewann und die beherrscht wurde von dem Oberlehrer Kögler, der aus dem Riesengebirge stammte, wie Rübezahl aussah und ein noch gewaltigerer Heldenbeschwörer war als Kutzschebauch in Hartmannsdorf, Tschechen als Kreaturen bezeichnete und die Schlacht um Stalingrad als den Schlußpunkt des Kampfes gegen den Bolschewismus ansah. Nur ist es wichtig, Buben, fürs Winterhilfswerk zu sammeln, damit die Soldaten auch dicke Mäntel und festes Schuhwerk bekommen. Mutter schüttelt den Kopf, nennt den Oberlehrer einen dummen Schwärmer. Ich finde das ungerecht, denn schließlich hat er im Ersten Weltkrieg am Isonzo gestanden und war verwundet worden.

Wenn Vater mir zuhört, preßt er die Lippen zusammen. Kögler zählt offenbar zu denen, die er meidet. Immerhin redet er sie mir nicht aus. Er will nichts von ihnen wissen, wie von vielem nicht. Insgeheim und in Wachträumen rufe ich die Bewunderten gegen Vater zusammen, fühle mich stärker als er, fast schon wie ein Held. Weil Vater den Helden ausweicht und sich vor dem Kampf drückt, bin ich eigentlich ein Kind des Führers. Und natürlich liebe ich Mutter, die mir ab und zu mit ihrem Spott zwar unheimlich ist, aber niemals feige sein wird.

Die Vorbereitungen wurden turbulent, als der Weihnachtsbesuch, Großmutter und Tante Käthe, eintraf. Ein Plan Vaters verdarb mir schließlich alle Vorfreude. Er machte mich erst am Tag vor Weihnachten damit vertraut, weil er wohl ahnte, in welche Pein er mich bringen würde. Er saß an dem leeren Schreibtisch im Herrenzimmer, bat mich, ein wenig gereizt, Platz zu nehmen und, bitte, zuzuhören.

Ich möchte, begann er, daß wir diese Weihnachten besonders feierlich begehen, und habe dir eine wichtige Aufgabe zugedacht. Hörst du? Eine besonders wichtige Aufgabe. Du hast eine hübsche Stimme und deklamierst ja gerne. Ich habe also einen Geiger engagiert, der dich beim Singen begleiten soll. Mehr als zwei Lieder wünsche ich gar nicht. Sagen wir, Stille Nacht und Oh du fröhliche. Im übrigen – Vater sah auf die Armbanduhr – wird der Musiker gleich hier sein. Ihr solltet wenigstens einmal zusammen proben.

Ich antworte nicht. Ich kann es nicht. Schreck und Verblüffung machen mich starr, ich hoffe, daß ich die Stimme verliere, niemals singen kann, niemals.

Er merkt anscheinend nicht, daß ich die Sprache verloren habe, und beugt sich fragend nach vorn: Was meinst du?

Endlich kann ich mich hören. Das Nein steht sichtbar vor meinem Mund, wie eine Sperre.

Bist du verrückt? Er steht auf. Seine Hand drückt meinen Hals. Willst du mir alles verderben?

Da er genau geplant hat, führt Bohumila den Geiger herein, einen kleinen verschwitzten Herrn, der eine Verbeugung nach der andern macht, mir flüchtig mit feuchter Hand die Wange tätschelt und dennoch entschieden den Herrn Doktor bittet, »uns zwei Musikanten« allein zu lassen. Dem Geiger scheint der Auftrag nicht weniger peinlich zu sein, und er beginnt mich zu trösten: Also, Bub, ein solches Konzert geht schneller vorüber, als man denkt. Besonders an Festen. Da ist jeder so aufgeregt, daß ein Patzer gar nichts bedeutet. Die Kunst muß das Gefühl verstärken, sonst nichts. Und was heißt schon Kunst. Ich rate dir, sing leis, dann werden sie besonders gerührt sein, auch wenn du stockst oder ein Wort vergißt. Es schadet nichts. Und überhaupt bin ich hier, um dir zu helfen. Denk daran, die Geige läßt dich nicht im Stich. Zwei Lieder, was sag ich, vergehen wie im Flug.

Er zieht ein schmutziges, zerknülltes Tuch aus der Hosentasche, klemmt es zusammen mit der Geige unters Kinn, stimmt das Instrument, blinzelt mir zu, zieht mich in ein Vertrauen, das ich zu ihm so wenig wie zu den anderen Erwachsenen habe, und befiehlt: Stell dich am gescheitesten direkt neben mich, schon von wegen der Intonation.

Die Geige klingt zu meiner Überraschung mächtig und klar.

Zaghaft stimme ich ein. Ich flüstere mehr, als daß ich singe. Er unterbricht das Spiel.

Ein bissel lauter müßte es schon sein. Piano meinetwegen, nicht pianissimo. Verstehst mich?

Ich versteh ihn gut.

Am liebsten würde ich ihm bloß zuhören.

Wir proben jedes Lied zweimal. Dann packt er unverzüglich die Geige in den Kasten, tätschelt mir die Wange, riecht, als habe er sich in Eukalyptusessenz gebadet.

Wir werden's überstehen, Bub. Denk an die Rührung.

Ich höre, wie er im Vorsaal mit Vater redet. Vater muß gelauscht und ihn abgefangen haben, vielleicht, um ihn zu bezahlen, vielleicht auch, um sich nach meiner Gesangskunst zu erkundigen.

Am Heiligen Abend weckte mich Geschrei. Die drei Frauen überboten sich in lärmender Hilfsbereitschaft. Nein, laß mich den Vorsaal bohnern, inzwischen kannst du in der Küche – Ich bitte dich, das macht doch keine Umstände, noch den Teppich – Ehe Rudi den Baum schmückt, sollte aber – Die Fülle für die Gans müßte jetzt, wenn nicht – Die Würstel müßten noch heute vormittag – Wer geht mit den Kindern spazieren, ehe –

Ich hasse sie, ich hasse diese Stimmen, die mir die Freude nehmen, ich möchte das Fest verschlafen, das sie für sich und nicht für Lore und mich veranstalten, ich möchte ihnen nicht vorsingen müssen und ihnen helfen, in Tränen auszubrechen. Aber Mutter ist schon im Zimmer, zieht die Rolläden hoch, und ihre Unrast elektrisiert uns. Raus! ihr Siebenschläfer! Ihr habt eine Menge zu tun. Ihr müßt einkaufen gehen und Bohumila das Weihnachtsgeschenk bringen.

Wir werden von Befehlen, Anordnungen, Bitten, Zurufen in Bewegung gehalten, dürfen da nicht hinein, müssen dort die Augen schließen, gehen Großmutter auf die Nerven, sollen Tante Käthe in Frieden lassen.

Die Kartoffelsuppe, »jetzt-will-sie-keiner-mehr-gekocht-haben«, um die wir uns mittags versammeln, schmeckt angebrannt. Die Frauen streiten sich, bis die Schüssel leer ist, Vater wortlos den Stuhl hinter sich schiebt und uns Kinder mit einem Kopfnicken auffordert, ihm zu folgen.

Er sagt: Es wird ihnen gar nicht auffallen, wenn wir verschwinden. Er hilft uns in die Mäntel, wickelt die Schals um unsere Hälse und wendet sich mit dieser ungewohnten Aufmerksamkeit gegen die Zerstörung, den Zwist. Wir wandern an seinen Händen durch die Stadt. Erst an dem Marcharm entlang, der hinter unserem Haus vorbeiführt, dann hinauf zu den beiden großen Plätzen, umkreisen die Dreifaltigkeitssäule und mehrfach das Rathaus, ziehen Spuren durch den Schnee, sehen zur Kunstuhr hoch, deren Erbauer, so erfuhr ich in der Schule, geblendet wurde, weil man ihn für einen Hexenmeister hielt, und beenden unseren Rundgang, wie ich es erwartet habe, im Café Rupprecht, in dem Vater Stammgast ist, wo er abends oft Billard spielt.

Wir sitzen zwischen alten Männern, schlürfen Tee, ich spüre, daß ihnen meine Blicke lästig sind. Ich komme mir vor wie auf einem Schiff, auf dem man vergessen hat, daß Weihnachten ist.

Ein Herr tritt an unseren Tisch, fragt Vater, ob er auf eine Partie Billard Lust habe. Wir ziehen ihm nach, in den Raum, wo die drei Billardtische stehen, setzen uns. Ich höre, wie die Kugeln aufeinanderprallen, träume vor mich hin, wünsche mir, daß die Ruhe bis zur Bescherung nicht gestört werde.

Als wir das Café verlassen, ist es dunkel. Schön, sagt Vater und saugt die kalte Luft hörbar ein. Sie werden uns sicher schon erwarten.

Wir werden tatsächlich erwartet, doch anders, als wir es erhoffen, mit einer Art Kriegsbericht, und erst allmählich verstehen wir, was für ein Unglück geschehen ist: Mutter habe den Gasofen anzünden wollen und er sei explodiert, eine Flamme sei aus der Röhre geschossen. Schaut sie euch an, die Haare versengt, Lider und Augenbrauen verbrannt. Schaut sie euch doch an, die Ärmste!

Mutter wird vorgeführt. Sie wehrt sich gegen den Jammer von Großmutter und Tante Käthe. Es ist nicht so schlimm, sagt sie. Ich möchte lachen, traue mich aber nicht.

Es wird Zeit, daß ihr euch umzieht, sagt Vater sehr ruhig. Die Bescherung ist auf acht angesetzt, schon wegen des Geigers. Ich kann ihn nicht warten lassen. Wir sollten also um sieben abendessen.

Wo sollen wir bleiben? fragt Lore.

Geht ins Kinderzimmer und spielt, bis ihr gerufen werdet.

Wir setzen uns auf unsere Betten und warten im Dunkeln.

Mutter holt uns. Sie hat sich umgezogen und hat neue Augenbrauen. Die hab ich mir angemalt.

Beim Abendessen führt Großmutter das Gespräch. Sie findet die Würstchen gut, lobt Mutter für den Kartoffelsalat, der durch eine winzige Prise Zucker erst delikat werde.

Plötzlich läuft sie blau an, greift sich mit der Hand an den Hals, ringt nach Luft.

Der Erstickungsanfall überrascht uns so, daß wir alle wie angenagelt sitzen.

Mutter ist die erste, die etwas sagt: Sie hat sich verschluckt. Mein Gott!

Tut doch was! schreit Tante Käthe. Sie erstickt uns doch. Mein Gott!

Lore beginnt zu weinen. Ich möchte schon wieder lachen. Vater schüttelt den Kopf. Großmutter droht zu sterben. Sie verdreht die Augen, so daß man nur noch das Weiße sieht.

Vater steht auf, schlägt ihr mit einer ungeheuren Wut ein-, zweimal auf den Rücken. Es dröhnt, und plötzlich schießt, wie aus einem Kanonenlauf, ein Stück Wurst aus Großmutters Mund. Ächzend zieht sie die Luft ein.

Nein, sagt Mutter.

Vater zündet sich eine Zigarette an. Lore weint.

Ich wage leise zu lachen, und Tante Käthe stimmt laut ein.

Großmutter sagt: So schlimm hättest du ja auch nicht losdreschen müssen.

Obwohl Großmutter sich noch nicht erholt hat, weiter nach Luft ringt, drängt Vater, den Tisch abzuräumen. Der Geiger müsse gleich erscheinen. Er werde nach nebenan gehen und inzwischen die Kerzen am Baum anzünden.

Ich sitze auf meinem Stuhl und rühre mich nicht.

Du kannst doch wenigstens die Teller zusammenstellen. Mutter sieht mich vorwurfsvoll an. Sie merkt nicht, daß ich eigentlich gar nicht mehr vorhanden bin. Ich werde stumm sein. Stumm und taub. Ich werde die Geige nicht hören und keinen Ton herausbringen.

Gleich ist Bescherung!

Lore rennt hinter Mutter her, in die Küche, ich bleibe allein mit Großmutter, die sich nicht beruhigen kann, vor sich hin murmelt, seufzt, sich das Taschentuch vor den Mund hält, mit ihrem Schreck beschäftigt ist, während ich auf meinen warte.

Es klingelt. Es kann nur der Geiger sein. Großmutter ist, ohne daß es mir auffiel, aus dem Zimmer verschwunden. Ich könnte mich verstecken, hinterm Vorhang, unter der Couch. Aber ich sitze, starre auf die Tür, die jetzt auch geöffnet wird, und Mutter sagt mit einer Stimme, die trösten will: Komm, wir warten schon alle auf dich.

Im dunklen Vorsaal steht der Musiker. Er hat die Geige aus dem Kasten genommen. Mutter schiebt mich auf ihn zu. Die Tür zum Speisezimmer wird aufgerissen. Ich sehe die Kerzen brennen, Vaters Schatten, und stehe mit einem Mal vor allen anderen, die auf Stühlen Platz nehmen wie im Theater, mich anglotzen, auffordernd anlächeln.

Ich höre den Geiger sagen: In der Reihenfolge, wie wir es besprochen haben, nicht wahr?

Der Geiger klemmt sich sein Instrument unters Kinn,

schiebt sich noch näher an mich heran, zählt leise: Eins, zwei, drei, und die Geige singt, während meinem Mund ein krächzender Laut entfährt, nicht mehr. Der Geiger bricht ab, sagt sehr ruhig: Wir fangen noch einmal an. Du mußt, wie ich dir erklärt hab, nicht laut singen, Bub. Nicht laut.

Ich halte mich an seinen Rat, bin erstaunt, daß ich ihm folgen kann, die Sätze nicht vergessen habe, flüstere einfach mit, schaue auf den Boden, höre jemanden seufzen, singe schneller, als die Geige es will, und bekomme einen Stoß in die Seite: Nicht so rasch, Bub!, singe mehr und mehr gegen die Musik, gegen die albernen Zuhörer, gegen Vaters Erwartung, renne zu Mutter hin und werfe mich auf sie, weine, schreie.

Es war doch zu viel für ihn. Mutter preßt mich an sich.

Schade, sagt Vater, es hätte sehr feierlich sein können.

Der Geiger spielt nun allein weiter, ohne mich. Ich beginne, mein Gesicht gegen Mutters Brust gepreßt, zuzuhören und verberge mich, auch nachdem er geendet hat, Vater ihn hinausbringt, Lore schon Geschenke auspackt.

Willst du dir deine Geschenke nicht ansehen? fragt Großmutter. Mutter läßt mich los. Es ist schon gut, sagt sie.

Ich kann mich nicht erinnern, was ich geschenkt bekommen habe, bis auf die alte Ausgabe des »Sigismund Rüstig«, denn ich habe den ganzen Abend gelesen, mich gegen alle wehrend, die sich nun um mich bemühen, auch Vater, der sich für eine Weile neben mich setzt, nichts spricht, nur manchmal den Kopf schüttelt. Ehe er aufsteht und zu Großmutter geht, sagt er: Wir hätten uns vorher über alles unterhalten sollen.

Dylan Thomas
Weihnachtserinnerungen

Ein Weihnachten war dem anderen so gleich in jenen Jahren, die nun um die Meerecke der Stadt entschwunden und außer aller Hörweite sind, bloß daß ich manchmal einen Augenblick lang vor dem Einschlafen noch das ferne Gespräch ihrer Stimmen höre, daß ich jetzt nie mehr sagen kann, ob es sechs Tage und sechs Nächte lang geschneit hat, als ich zwölf war, oder ob es zwölf Tage und zwölf Nächte lang geschneit hat, als ich sechs war. Oder damals, als das Eis brach und der Schlittschuh laufende Schnittwarenhändler wie ein Schneemann durch eine weiße Falltüre verschwand, ob das derselbe Weihnachtstag war, an dem die Rosinenkuchen Onkel Arnold fertigmachten und wir den seeseitigen Hügel hinunterrodelten, den ganzen Nachmittag lang, auf dem besten Teetablett; und Mrs. Griffith beschwerte sich, und wir warfen einen Schneeball nach ihrer Nichte, und als ich die Hände vors Feuer hielt, da brannten sie vor Kälte und Hitze so sehr, daß ich zwanzig Minuten lang weinte; und dann aß ich Wackelpudding.

Alle Weihnachten rollen den Hügel hinunter zum wallisischsprechenden Meer, wie ein Schneeball, der immer weißer und größer und runder wird, wie ein kalter kopfüber kollernder Mond, der den Himmel hinunterbollert, der unsere Straße war; und alle Weihnachten machen halt am Ufer der eisgeränderten, fischefrierenden Wellen, und ich fahre mit den Händen tief in den Schnee und hole alles heraus, was ich finden kann: Tannenzweige, Weihnachtssingvögel, oder Pudding, Gezänk und Gesänge, und Orangen und blecherne Pfeifchen, und das Kaminfeuer in der Guten Stube, und Bums die Knallbonbons, und Heilig, Heilig, Heilig läuten die Glocken und die Glasglocken beben am Baum, und Mutter Graugans aus der Weihnachtspantomime, und der Struwwelpeter – ach, die paulinchenverbrennenden Flammen und der klappernde Scherenmann. Und Billy Bunter aus dem bunten Groschenheft und die Schwarze Schönheit, und Goldelse, und die kleine Frau: und Jungen, die drei Portionen essen, und Alice im Wunderland, und Mrs. Potters Dachse, und Federmesser und Teddybären – benannt nach einem Mr. Theodor Bär, ihrem Erfinder oder Vater, der vor kurzem in den Vereinigten Staaten starb –, Mundharmonikas, Bleisoldaten, und Milchpudding, und Tante Bessy, die auf dem ungestimmten Piano in der Guten Stube »Ein Männlein steht im Walde« und »Orangen und Lemonen« spielt, den ganzen Pfänder und Blindekuh spielenden Abend lang am Ende des unvergeßlichen Tages am Ende des nicht mehr erinnerten Jahres.

Tief taucht meine Hand in jenen watteweißen glockenklingenden Ball von Festtagen, der am Rande des lobliedersingenden Meeres ruht, und heraus kommen Mrs. Prothero und die Feuerwehrmänner.

Es war am Nachmittag des Weihnachtsabends, und ich war in Mrs. Protheros Garten und wartete mit ihrem Sohn Jim auf Katzen. Es schneite. Zu Weihnachten schneite es immer. Der Dezember ist in meinen Erinnerungen weiß wie Lappland, nur Rentiere waren keine da. Aber dafür waren Katzen da. Geduldig, mit eiskalten Fingern und eiskaltem Herzen, unsere Hände in Socken gehüllt, warteten wir, um Schneebälle nach den Katzen zu werfen. Geschmeidig und lang wie Jaguare und mit furchtbaren Schnurrbärten, spuckend und fauchend würden sie über die weißen Mauern am unteren Ende der Gärten huschen und jagen, und die luchsäugigen Jäger, Jim und ich, Trapper von der Hudson Bay gleich hinter der Gasthausstraße, in Pelzmützen und Mokassins, würden unsere tödlichen Schneebälle gerade ins Grüne ihrer Augen schleudern. Die klugen Katzen ließen sich niemals blicken. Wir waren so still – eskimofüßige arktische Scharfschützen im alles erstickenden Schweigen des ewigen Schnees, der schon seit Mittwoch lag –, daß wir Mrs. Protheros ersten Schrei aus ihrem Schneehaus am unteren Ende des Gartens nicht einmal hörten. Oder wenn wir ihn hörten, so war er für uns nur wie der weitentfernte Kriegsruf unseres Feindes und unserer Beute, des Nachbars Polarkatze. Aber bald wurde die Stimme lauter. »Feuer!« schrie Mrs. Prothero, und sie schlug den Gong, der sonst zum Essen rief. Und wir liefen den Garten hinunter, den Arm voller Schneebälle, auf das Haus zu, und, heißa!, da kam wirklich Rauch aus dem Speisezimmer, und der Gong bummerte und Mrs. Prothero rief die Katastrophe aus, wie ein Stadtschreier in Pompeji. Das war besser als alle Katzen in ganz Wales, auch wenn sie in einer Reihe auf der Mauer gestanden hätten. Wir stürzten ins Haus, beladen mit Schneebällen, und machten an der offenen Türe des raucherfüllten Zimmers halt. Ja, etwas brannte ganz tüchtig. Vielleicht war es Mr. Prothero, der nach dem Mittagessen immer in diesem Zimmer schlief, mit einer Zeitung auf dem Gesicht. Aber nein, der stand mitten im Zimmer und sagte: »Feine Weihnachten, das!« und schlug mit einem Hausschuh auf den Rauch los.

»Ruft die Feuerwehr!« schrie Mrs. Prothero und schlug weiter den Gong.

»Die werden nicht da sein«, sagte Mr. Prothero, »es ist doch Weihnachten.«

Es war kein Feuer zu sehen, nur dichte Rauchwolken, und mittendrin Mr. Prothero, der mit seinem Hausschuh dem Rauch winkte, als dirigiere er ein Konzert.

»Tut doch was!« sagte er. Und wir warfen alle unsere Schneebälle in den Rauch – ich glaube aber, wir verfehlten Mr. Prothero – und liefen hinaus aus dem Haus zur Telephonzelle.

»Rufen wir doch auch die Polizei an«, sagte Jim.

»Und die Erste Hilfe.«

»Und Ernie Jenkins, der mag Feuer so gern.«

Aber wir riefen nur die Feuerwehr an, und bald kam auch das Feuerwehrauto, und drei große Männer mit Helmen brachten einen Schlauch ins Haus, und Mr. Prothero ging gerade noch rechtzeitig aus dem Wege, ehe sie den Wasserstrahl andrehten. Kein Mensch hätte einen Weihnachtsabend mit mehr Krach haben können, und als die Feuerwehrmänner den Wasserstrahl wieder abstellten und im nassen, rauchigen Zimmer herumstanden, da kam Jims Tante, Miß Prothero, die Treppe herunter, steckte den Kopf herein und sah sie an. Jim und ich warteten, ganz still, um zu hören, was sie zu ihnen sagen würde. Denn sie wußte immer das richtige Wort. Sie sah die drei großen Feuerwehrmänner mit ihren glitzernden Helmen an, wie sie dastanden, umgeben von Rauch und verbranntem Holz und halbgeschmolzenen Schneebällen, und dann sagte sie: »Möchten Sie vielleicht etwas zu lesen haben?«

Und nun kommt aus diesem gleißendweißen Schneeball der verflossenen Weihnachten der Strumpf hervor, der Strumpf aller Strümpfe, der am Fußende des Bettes hing, so daß der Arm einer wuschellockigen Negerpuppe oben hervorbaumelte und unten in den Zehen kleine Glocken läuteten. Da war auch eine ganze Kompanie Soldaten drin, tapfer und scharlachrot, nur daß sie niemals gut schmeckte, obwohl ich sie immer zu kosten versuchte, als ich noch ganz klein war: Bleisoldaten mit Gurt und Bärenfellmützen und Musketen, Schulter an Schulter, die nur allzubald ihre Köpfe und Beine verlieren sollten, in den Kriegen auf dem Küchentisch, wenn das Teegeschirr, die Kekse und die Rosinenkuchen weggeräumt waren, die ich immer backen half, indem ich die Rosinen entkernte und aufaß. Und da war ein Säckchen mit feuchten, vielfarbigen Geleebonbons, die wie kleine Kinder aussahen, und eine eingerollte Flagge, und eine falsche Nase, und eine Straßenbahnschaffnermütze, und eine Maschine, die Fahrscheine lochte und dabei klingelte ... Aber niemals eine richtige Schleuder; einmal, durch einen Irrtum, den niemand erklären konnte, eine kleine Axt und ein Gummibüffel, oder vielleicht war es auch ein Pferd, mit gelbem Kopf und aufs Geratewohl herumschlenkernden Beinen; und eine Zelluloidente, die, wenn man sie drückte, einen ganz unentenhaften Ton von sich gab, ein miauendes Muhen, wie es vielleicht eine ehrgeizige Katze fertiggekriegt hätte, die als Kuh gelten will; und ein Malbuch, in dem ich das Gras, die Bäume, das Meer und die Tiere in jeder Farbe malen konnte, die mir recht war; und bis zum heutigen Tag grasen die blendendhimmelblauen Schafe auf der roten Weide unter einer Schar von regenbogenschnäbeligen und erbsengrünen Vögeln.

Der Weihnachtsmorgen war immer vorüber, noch ehe man Zeit hatte, Hans Schneemann zu sagen. Und sieh da, auf einmal brannte der Pudding. Soll man nicht wieder den Gong schlagen und die Feuerwehr anrufen, und die bücherliebenden Feuerwehrmänner? Jemand fand im Kuchen das eingebackene silberne Dreipennystück mit einer Korinthe dran; und dieser Jemand war immer Onkel Arnold. Das Sprüchlein, das aus seinem Knallbonbon fiel, lautete:

Lasset uns alle jubeln, denn Weihnacht ist da,
Laßt uns spielen und singen und rufen hurra!

Und die Erwachsenen blickten dann immer zur Zimmerdecke hinauf, und Tante Bessy, die schon zweimal von einer automatischen Maus mit einem Uhrwerk erschreckt worden war, wimmerte am Büfett und trank ein wenig Holunderwein.

Und jemand stellte eine Glasschüssel voller Nüsse auf den überhäuften Tisch, und mein Onkel sagte ganz genau wie jedes Jahr: »Ich habe da eine Schuhnuß erwischt, hol mir einen Schuhlöffel, Junge, daß ich sie öffnen kann!« Und dann war das Essen vorüber.

Und ich erinnere mich, am Nachmittag des Weihnachtstages, wenn die anderen ums Feuer saßen und einander erzählten, daß dies gar nichts sei, nein, rein gar nichts, verglichen mit den großen, schneeverwehten, bratgans- und truthahnstolzen, julscheitknisternden, tannenreisigen und unter dem Mistelzweig küssenden Weihnachtsfesten, als *sie* noch Kinder waren, daß ich hinausging in Schulmütze und Schal und Handschuhen, mit meinen funkelnagelneuen, knarrenden Stiefeln; in die weiße Welt hinaus, auf den seeseitigen Hügel, um Jim und Dan und Jack zu besuchen und mit ihnen durch die schweigende Schneelandschaft unseres Städtchens zu wandern.

Wir gingen stapfenden Schrittes durch die Straßen und hinterließen gewaltige, tiefe Fußstapfen im Schnee, auf den verborgenen Gehsteigen.

»Ich wette, die Leute werden glauben, da sind Nilpferde gegangen.«

»Was würdest du tun, wenn du ein Nilpferd die Krönungsstraße herunterkommen sähst?«

»Ich? Ich würde so machen, bums! Ich würde das Nilpferd übers Geländer schmeißen und den Hügel hinunterrollen. Und dann würde ich es unter dem Ohr kitzeln, bis es mit dem Schweif wedelt.«

»Aber was würdest du tun, wenn du *zwei* Nilpferde sehen würdest?«

Eisengepanzerte brüllende Nilpferdhengste klapperten, polterten und dröhnten durch den aufspritzenden Schnee auf uns zu, als wir an Mr. Daniels Haus vorbeikamen.

»Werfen wir Mr. Daniel einen Schneeball als Brief in den Briefkasten.«

»Schreiben wir etwas in den Schnee.«

»Schreiben wir: ›Mr. Daniel sieht aus wie ein Spaniel‹ groß über seinen ganzen Rasen.«

»Seht her«, sagte Jack, »ich esse Schneekuchen.«

»Wie schmeckt's denn?«

»Wie Schneekuchen.«

Oder wir gingen die weiße Küste entlang.

»Können die Fische sehen, daß es schneit?«

»Natürlich, die glauben, der Himmel fällt runter.«

Die schweigenden Himmel, die aus einer einzigen Wolke bestanden, trieben hinaus aufs Meer.

»Alle Hunde sind weg.«

Im Sommer jappten am Ufer Hunde von hundert vermengten Rassen und verbellten die zudringlichen Wogenkämme.

»Ich wette, für Bernhardiner wäre dieses Wetter jetzt aber gerade recht.«

Und wir waren schneeblinde Reisende, verloren auf den Bergen des Nordens, und die großen Hunde mit ihren Schwartenhälsen und Kognakflaschen sprangen auf uns zu und scharrten uns aus und bellten laut: »Branntwein! Marke Excelsior!«

Wir gingen heim, durch die verlassenen, armen Gassen, die zum Meer hinunterführten, wo nur wenige Kinder mit bloßen roten Fingern im tiefen, karrengleiszerfurchten Schnee herumscharrten und hinter uns eine Katzenmusik erhoben, mit Stimmen, die verhallten, als wir hügelan stapften und die Schreie der Hafenvögel laut wurden, und die Sirenen der Schiffe draußen in der weißen flockenwirbelnden Bucht.

Holt die großen alten Geschichten hervor, die wir am Feuer erzählten, als wir Kastanien rösteten und die kleingestellten Gaslichter rundum summten! Gespenster mit dem Kopf unter dem Arm schleppten ihre Ketten nach und sagten: »Huhhh« wie Eulen in den langen Nächten, wenn ich es nicht wagte, über die Schulter zu sehen; wilde Tiere lauerten im Verschlag unter der Treppe, wo die Gasuhr tickte. »Vor vielen Jahren einmal«, sagte Jim, »waren drei Jungen, genau wie wir, die bei Nacht im Schnee ihren Weg verloren, hinter dem Bethaus auf dem Friedhof von Bethesda, und hört, was ihnen geschah ...«

Es war die schauderhafteste Geschichte, die ich je gehört habe.

Und ich erinnere mich auch, wie wir einmal von Haus zu

Haus Weihnachtslieder singen gingen, ein, zwei Nächte vor dem Heiligen Abend, als auch nicht der leiseste Schimmer von Mondschein die geheimnisvollen, weiß durchwehten Gassen erhellte. Am Ende einer langen Straße war ein Weg, der zu einem großen Haus führte, und wir stolperten in jener Nacht durch die Finsternis hinaus, jeder einzelne von uns voll Angst, jeder für alle Fälle mit einem Stein in der Hand, aber wir alle zu tapfer, um auch nur ein Wort davon zu sagen. Durch die Alleebäume des Weges blies der Wind mit Stimmen wie von alten unheimlichen Männern, die vielleicht Schwimmhäute an den Füßen hatten und in Höhlen ächzten und keuchten. Wir erreichten den schwarzen gewaltigen Klotz des Hauses.

»Was sollen wir ihnen singen?« flüsterte Dan.

»Hört, die Engel singen schon? Weihnachten kommt nur einmal im Jahr?«

»Nein«, sagte Jack, »wir singen ›Der gute König Wenzeslaus‹. Ich zähle bis drei.«

»Eins, zwei drei«, und wir begannen zu singen, mit Stimmen, die hoch und weit entfernt klangen in der schneegetünchten Finsternis rund um das Haus, in dem niemand wohnte, den wir kannten. Wir standen eng nebeneinander, dicht vor der dunklen Türe.

Der gute König Wenzeslaus
sah am St.-Stephans-Feste ...

Und dann kam eine kleine trockene Stimme, wie die Stimme von jemand, der schon lange nicht gesprochen hat, und stimmte plötzlich in unseren Gesang ein: eine kleine trokkene Stimme von der anderen Seite der Türe: eine kleine trockene Stimme durch das Schlüsselloch. Und als wir wieder aufhörten zu rennen, da waren wir vor unserem eigenen Haus. Die große Vorderstube war einladend und hell. Das Grammophon spielte. Wir sahen die roten und weißen Ballons am Arm der Gaslampe hängen. Onkel und Tante saßen ums Feuer. Es war mir, als könne ich unser Abendessen riechen, das in der Küche gebraten wurde. Alles war wieder gut, und Weihnachten leuchtete durch die ganze vertraute Stadt.

»Vielleicht war das ein Geist«, sagte Jim.

»Vielleicht waren es Trolle«, sagte Dan, der immer Bücher las.

»Gehen wir hinein, und sehen wir, ob noch Wackelpudding übrig ist«, sagte Jack. Und das taten wir.

Marie Luise Kaschnitz
Was war das für ein Fest?

Der kleine Junge hockte auf dem Fußboden und kramte in einer alten Schachtel, aus der er einiges zutage förderte, ein paar Röllchen schmutzige Nähseide, ein verbogenes Wägelchen und einen silbernen Stern. Was ist das? fragte er und hielt den Stern hoch in die Luft. Die Küchenmaschinen surrten, der Fernsehapparat gab Männergeschrei und Schüsse von sich, vor dem großen Fenster bewegten sich die kleinen Stadthubschrauber vorsichtig auf und ab. Der Junge stand auf und ging unter die Neonröhre, um den Stern, der aus einer Art von Glaswolle bestand, genau zu betrachten.

Was ist das? fragte er noch einmal. Entschuldige, sagte die Mutter am Telefon, das Kind plagt mich, ich rufe dich später noch einmal an. Damit legte sie den Hörer hin, schaute herüber und sagte: Das ist ein Stern. Sterne sind rund, sagte der kleine Junge. Zeig mal, sagte die Mutter und nahm dem Jungen den Stern aus der Hand. Es ist ein Weihnachtsstern, sagte sie. Ein was? fragte das Kind. Jetzt hab' ich es satt, schrie der Mann auf der Fernsehscheibe, und warf seinen Revolver in den Spiegel, was beträchtlichen Lärm verursachte. Die Mutter drückte auf eine Taste, der Lärm hörte auf und das Bild erlosch.

Etwas von früher, sagte sie in die Stille hinein. Von einem Fest. Was war das für ein Fest? fragte der kleine Junge. Ein langweiliges, sagte die Mutter schnell. Die ganze Familie stand in der Wohnstube um einen Baum herum und sang Lieder, oder die Lieder kamen aus dem Fernsehen, und die ganze Familie hörte zu. Wieso um einen Baum? sagte der kleine Junge, der wächst doch nicht im Zimmer. Doch, sagte die Mutter, das tat er, an einem bestimmten Tag im Jahr. Es war eine Tanne, die man mit brennenden Lichtern oder mit kleinen bunten Glühbirnen besteckte und an deren Zweige man bunte Kugeln und glitzernde Ketten hängte. Das kann nicht wahr sein, sagte das Kind. Doch, sagte die Mutter, und an der Spitze des Baumes befestigte man den Stern. Er sollte an den Stern erinnern, dem die Hirten nachgingen, bis sie den kleinen Jesus in seiner Krippe fanden. Den kleinen Jesus, sagte das Kind aufgebracht, was soll denn das nun wieder sein?

Das erzähle ich dir ein andermal, sagte die Mutter, die sich an die alte Geschichte erinnerte, aber nicht genau. Der Junge wollte aber von den Hirten und der Krippe gar nichts hören. Er interessierte sich nur für den Baum, der im Zimmer wuchs und den man verrückterweise mit brennenden Lichtern oder mit kleinen Glühbirnen besteckt hatte. Das muß doch ein schönes Fest gewesen sein, sagte er nach einer Weile.

Nein, sagte die Mutter heftig. Es war langweilig. Alle hatten Angst davor und waren froh, wenn es vorüber war. Sie konnten den Tag nicht abwarten, an dem sie dem Weihnachtsbaum seinen Schmuck wieder abnehmen und ihn vor die Tür stellen konnten, dürr und nackt. Und damit streckte sie ihre Hand nach den Tasten des Fernsehapparates aus. Jetzt kommen die Marspiloten, sagte sie. Ich will aber die Marspiloten nicht sehen, sagte der Junge. Ich will einen Baum und ich will wissen, was mit dem kleinen Sowieso war. Es war, sagte die Mutter ganz unwillkürlich, zur Zeit des Kaisers Augustus, als alle Welt geschätzet wurde.

Aber dann erschrak sie und war wieder still. Sollte das alles noch einmal von vorne anfangen, zuerst die Hoffnung und die Liebe und dann die Gleichgültigkeit und die Angst? Zuerst die Freude und dann die Unfähigkeit sich zu freuen und das Sichloskaufen von der Schuld? Nein, dachte sie, ach nein. Und damit öffnete sie den Deckel des Müllschlukkers und gab ihrem Sohn den Stern in die Hand. Sieh einmal, sagte sie, wie alt er schon ist, wie unansehnlich und vergilbt. Du darfst ihn hinunterwerfen und aufpassen, wie lange du ihn noch siehst. Das Kind gab sich dem neuen Spiel mit Eifer hin.

Es warf den Stern in die Röhre und lachte, als er verschwand. Aber als es draußen an der Wohnungstür geklingelt hatte und die Mutter hinausgegangen war und wiederkam, stand das Kind wie vorher über den Müllschlucker gebeugt. Ich sehe ihn immer noch, flüsterte es, er glitzert, er ist immer noch da.

Iso Camartin
Weihnachten

Das Wunder sitzt dort, wo man es am dringlichsten braucht. In einem Heft, aus dem ein Kind den frühen Erfolg holte, wenn es am Weihnachtsabend vor versammelter Familie am Klavier ein Lied vorspielte, fand sich eine schlesische Weise. Der Text war mit abgedruckt, und die erste Strophe lautete: »Auf dem Berge, da gehet der Wind. / da wieget Maria ihr Kind.« Das war für Bergler schön und verständlich. Dann aber folgten zwei Zeilen, bei denen der Knabe stutzte: »mit ihrer schlohengel weißen Hand, / sie hat dazu kein Wiegenband.«

Wozu ein Wiegenband gut sein sollte, konnte man sich von der Mutter noch erklären lassen. Aber was war »schlohengel«? Da mußten auch die Eltern passen. Das Kind aber hatte sein Weihnachtswunder: Schlohengel gibt es nur an Weihnachten. Sie wohnen auf den Bergen, sind weiß wie gefrorene Hände und passen auf, daß Kinder nicht aus der Wiege fliegen, wenn der Wind geht.

Bei keinem anderen Fest des Jahres verbinden sich unsere Wünsche zu seltsameren Gebilden. Ob Römer oder Germane, ob Jude oder Christ, und so unterschiedlich ihre Motive und Erklärungen im einzelnen sind: Alle sind sie in der Weihnachtszeit Lichtsucher und Sternsucher und hüten tief unten ihre dunklen Geheimnisse, die sie zu ihrem Leben brauchen.

Die Sehnsucht nach dem Licht: Sie ist das stärkste Motiv, das uns, ob gottesfürchtig oder weltverhaftet, Weihnachten zum schönen Fest macht. So sicher vor Dunkel und Kälte ist keiner, daß es ihm gleichgültig sein könnte, ob das Licht wieder wächst, die Tage wieder heller werden, das Leben sich wieder erwärmt. Zahllose Bräuche um die Zeit der Wintersonnenwende kommen diesem Lichthunger entgegen. Keiner braucht als gottlos zu gelten, wenn ihm das, was wir an Weihnachten für Kinderaugen und Erwachsenenherzen funkeln und flirren lassen, ein anderes Licht mitansteckt und seine Zuversicht stärkt. Kaum ein schöneres Dokument dafür gibt es als jenen Brief, den Rosa Luxemburg um die Weihnachtszeit des Jahres 1917 aus dem Gefängnis (»mein drittes Weihnachten im Kittchen«!) an ihre Freundin Sophie Liebknecht schreibt: »Da liege ich still allein, gewickelt in diese vielfachen schwarzen Tücher der Finsternis, Langeweile, Unfreiheit des Winters – und dabei klopft mein Herz von einer unbegreiflichen, unbekannten inneren Freude, wie wenn ich im strahlenden Sonnenschein über eine blühende Wiese gehen würde. Und ich, ich lächle im Dunkeln dem Leben, wie wenn ich irgend ein zauberhaftes Geheimnis wüßte, das alles Böse und Traurige Lügen straft und in lauter Helligkeit und Glück wandelt.«

Doch ist es nicht das Licht allein. In der Suche nach dem Stern ist uns noch anderes wichtig. »Die Sterne, die begehrt man nicht«, heißt es zwar, man freue sich ihrer Pracht. Doch hat es sich damit wirklich? Sterne sind Fenster ins Unbekannte, ins verborgen Gewünschte und Ersehnte. Deshalb sind die Sternsucher auch Gabenbringer. Und sie kommen nicht mit irgendwelchen trivialen Dingen daher. Die größten Kostbarkeiten bringen sie. Kostbarkeiten, deren Wert wir schwer abzuschätzen vermögen und deren Wirkung uns den Verstand zu rauben droht. Neben den Hirten, die treu, arm und brav von der nächsten Wiese mit ihren Lämmern dahereilen, brauchen wir dringlich die Magier, die fern aus dem Morgenland geritten kommen und Wunderdinge in den Satteltaschen haben. Ganz mit rechten Dingen geht es bei diesen drei Herren nicht zu. »Die heiligen drei Kön'ge mit ihrem Stern, / sie essen, sie trinken und bezahlen nicht gern«, hat Goethe in seinem *Epiphaniefest* gedichtet. Es ist auffällig, daß neben dem Esel und dem Ochsen, die nun mal so sind, wie sie sind, vor allem die drei Weisen Anlaß für weihnachtliche Erheiterung und Ausgelassenheit sind. Eine reiche Folklore hat sich um diese Zaubergestalten angelagert. Wir sollten nicht so tun, als wäre uns die Sternsucherei schnuppe. Das völlig Neuartige ist uns im Stern angesagt. Das Unerhörte, das alles bisher Bekannte verdrängt und ersetzt, ist uns im Stern versprochen. Klugerweise ziehen die drei Magier weiter, bevor wir entdecken, daß Wunder leichter versprochen als vollbracht sind.

Schließlich ist ein Drittes zu nennen, das uns das Weihnachtsfest so unentbehrlich macht. Es liegt tief unten im Dunkeln unseres Wesens und sucht uns immer wieder heim, Christen am zuverlässigsten zur Weihnachtszeit. Man könnte es die Anziehungskraft der Unschuld nennen. Für Menschen, die erfahren, was Schuld ist, bleibt dies ein lebensbegleitendes Rätsel. »Hättest du der Einfalt nicht, wie sollte / dir geschehn, was jetzt die Nacht erhellt?« beginnt ein Weihnachtsgedicht von Rilke. Da klingt es an: Die Einfalt ist die Arglosigkeit, das Fehlen von Hinterlist und Berechnung, »in-nocente« – etwas, dem der Wille und damit die Möglichkeit fehlt, Schaden anzurichten. Es ist eines der erstaunlichen Phänomene vieler Religionen, daß sie das höchste Wesen, das mächtigste, stärkste, fürchterlichste, weil gerechteste Wesen, auch als das unschuldigste denken wollen, als ob in der Gestalt des harmlosen Kindes der Schrecken vor dem lebendigen Gott am besten zu bewältigen wäre. Für diese theologische Spekulation gibt es eine anthropologische Evidenz. Auch vor uns selbst verlieren wir am zuverlässigsten die Angst, wenn wir anderen gegenüber ohne die geringste Spur von Hinterhältigkeit sind. Daß wir dann ohne Abwehr leben dürfen, weil wir selbst niemandem mehr Schaden zufügen.

Die Welt aber ist anders. Auch an Weihnachten. In einer deutschen Stadt fährt ein Freund jedes Jahr in der Weihnacht Taxi. Er tut es, um sich klarzuwerden, wie Hoffnungen und Realitäten sich zueinander verhalten. Auch er gibt den Wunschtraum nicht auf, für einmal habe – wenigstens eine Nacht lang – die Welt gut und friedlich zu sein. Die Welt sei jener Zustand, »wo es in allen engen und breiten Straßen nach Frieden, nach lieblichem Verzeihen und nach allen schönen, innigen Versöhnungen tönt und duftet«, wie Robert Walser träumte. Vom Duft inniger Versöhnungen am Weihnachtsabend hätte ein Taxifahrer erst noch zu berichten.

Kinder lernen das Allerbeste an Weihnachten: das Warten. »In meinem Zimmer wartete ich, bis es sechs werden wollte. Kein Fest des späteren Lebens kennt diese Stunde, die wie ein Pfeil im Herzen des Tages zittert.« Schon bald erfahren sie, daß den Wundern nicht zu trauen ist. Daran können sie ein Leben lang leiden. Der Mann, der als Kind in Berlin das Warten übte, schrieb Jahre später aus Moskau an eine Freundin: »Dem Schrecken des Weihnachtsabends bin ich beim schönen Gesumme eines Samowars entronnen.«

Wem der Weihnachtsglaube abhanden gekommen ist, muß man einen Samowar schenken.

Selma Lagerlöf
Die Heilige Nacht

Als ich fünf Jahre alt war, hatte ich einen großen Kummer. Ich weiß kaum, ob ich seitdem einen größeren gehabt habe. Das war, als meine Großmutter starb. Bis dahin hatte sie jeden Tag auf dem Ecksofa in ihrer Stube gesessen und Märchen erzählt. Ich weiß es nicht anders, als daß Großmutter dasaß und erzählte, vom Morgen bis zum Abend, und wir Kinder saßen still neben ihr und hörten zu. Das war ein herrliches Leben. Es gab keine Kinder, denen es so gut ging wie uns.

Ich erinnere mich nicht an sehr viel von meiner Großmutter. Ich erinnere mich, daß sie schönes, kreideweißes Haar hatte und daß sie sehr gebückt ging und daß sie immer dasaß und an einem Strumpf strickte.

Dann erinnere ich mich auch, daß sie, wenn sie ein Märchen erzählt hatte, ihre Hand auf meinen Kopf zu legen pflegte, und dann sagte sie: »Und das alles ist so wahr, wie daß ich dich sehe und du mich siehst.«

Ich entsinne mich auch, daß sie schöne Lieder singen konnte, aber das tat sie nicht alle Tage. Eines dieser Lieder handelte von einem Ritter und einer Meerjungfrau, und es hatte den Kehrreim: »Es weht so kalt, es weht so kalt, wohl über die weite See.«

Dann entsinne ich mich eines kleinen Gebets, das sie mich lehrte, und eines Psalmverses.

Von allen den Geschichten, die sie mir erzählte, habe ich nur eine schwache, unklare Erinnerung. Nur an eine einzige von ihnen erinnere ich mich so gut, daß ich sie erzählen könnte. Es ist eine kleine Geschichte von Jesu Geburt.

Seht, das ist beinahe alles, was ich noch von meiner Großmutter weiß, außer dem, woran ich mich am besten erinnere, nämlich dem großen Schmerz, als sie dahinging.

Ich erinnere mich an den Morgen, an dem das Ecksofa leer stand und es unmöglich war, zu begreifen, wie die Stunden des Tages zu Ende gehen sollten. Daran erinnere ich mich. Das vergesse ich nie.

Und ich erinnere mich, daß wir Kinder hingeführt wurden, um die Hand der Toten zu küssen. Und wir hatten Angst, es zu tun, aber da sagte uns jemand, daß wir nun zum letztenmal Großmutter für alle die Freude danken könnten, die sie uns gebracht hatte. Und ich erinnere mich, wie Märchen und Lieder vom Hause wegfuhren, in einen langen schwarzen Sarg gepackt, und niemals wiederkamen.

Ich erinnere mich, daß etwas aus dem Leben verschwunden war. Es war, als hätte sich die Tür zu einer ganzen schönen, verzauberten Welt geschlossen, in der wir früher frei aus und ein gehen durften. Und nun gab es niemand mehr, der sich darauf verstand, diese Tür zu öffnen.

Und ich erinnere mich, daß wir Kinder so allmählich lernten, mit Spielzeug und Puppen zu spielen und zu leben wie andere Kinder auch, und da konnte es ja den Anschein haben, als vermißten wir Großmutter nicht mehr, als erinnerten wir uns nicht mehr an sie.

Aber noch heute, nach vierzig Jahren, wie ich da sitze und die Legenden über Christus sammle, die ich drüben im Morgenland gehört habe, wacht die kleine Geschichte von Jesu Geburt, die meine Großmutter zu erzählen pflegte, in mir auf. Und ich bekomme Lust, sie noch einmal zu erzählen und sie auch in meine Sammlung mit aufzunehmen.

Es war an einem Weihnachtstag, alle waren zur Kirche gefahren, außer Großmutter und mir. Ich glaube, wir beide waren im ganzen Hause allein. Wir hatten nicht mitfahren können, weil die eine zu jung und die andere zu alt war. Und alle beide waren wir betrübt, daß wir nicht zum Mettegesang fahren und die Weihnachtslichter sehen konnten.

Aber wie wir so in unserer Einsamkeit saßen, fing Großmutter zu erzählen an.

»Es war einmal ein Mann«, sagte sie, »der in die dunkle Nacht hinausging, um sich Feuer zu leihen. Er ging von Haus zu Haus und klopfte an. ›Ihr lieben Leute, helft mir!‹ sagte er. ›Mein Weib hat eben ein Kindlein geboren, und ich muß Feuer anzünden, um es und den Kleinen zu erwärmen.‹

Aber es war tiefe Nacht, so daß alle Menschen schliefen, und niemand antwortete ihm.

Der Mann ging und ging. Endlich erblickte er in weiter Ferne einen Feuerschein. Da wanderte er dieser Richtung zu und sah, daß das Feuer im Freien brannte. Eine Menge weißer Schafe lag rings um das Feuer und schlief, und ein alter Hirt wachte über der Herde. Als der Mann, der Feuer leihen wollte, zu den Schafen kam, sah er, daß drei große Hunde zu Füßen des Hirten ruhten und schliefen. Sie erwachten alle drei bei seinem Kommen und sperrten ihre weiten Rachen auf, als ob sie bellen wollten, aber man vernahm keinen Laut. Der Mann sah, daß sich die Haare auf ihrem Rücken sträubten, er sah, wie ihre scharfen Zähne funkelnd weiß im Feuerschein leuchteten, und wie sie auf ihn losstürzten. Er fühlte, daß einer nach seiner Hand schnappte und daß einer sich an seine Kehle hängte. Aber die Kinnladen und die Zähne, mit denen die Hunde beißen wollten, gehorchten ihnen nicht, und der Mann litt nicht den kleinsten Schaden.

Nun wollte der Mann weitergehen, um das zu finden, was er brauchte. Aber die Schafe lagen so dicht nebeneinander, Rücken an Rücken, daß er nicht vorwärts kommen konnte. Da stieg der Mann auf die Rücken der Tiere und wanderte über sie hin dem Feuer zu. Und keins von den Tieren wachte auf oder regte sich.«

So weit hatte Großmutter ungestört erzählen können, aber nun konnte ich es nicht lassen, sie zu unterbrechen. »Warum regten sie sich nicht, Großmutter?« fragte ich.

»Das wirst du nach einem Weilchen schon erfahren«, sagte Großmutter und fuhr mit ihrer Geschichte fort. »Als der Mann fast beim Feuer angelangt war, sah der Hirt auf. Es war ein alter, mürrischer Mann, der unwirsch und hart gegen alle Menschen war. Und als er einen Fremden kommen sah, griff er nach seinem langen, spitzigen Stabe, den er in der Hand zu halten pflegte, wenn er seine Herde hütete, und warf ihn nach ihm. Und der Stab fuhr zischend gerade auf den Mann los, aber ehe er ihn traf, wich er zur Seite und sauste, an ihm vorbei, weit über das Feld.«

Als Großmutter so weit gekommen war, unterbrach ich sie abermals. »Großmutter, warum wollte der Stock den Mann nicht schlagen?« Aber Großmutter ließ es sich nicht einfallen, mir zu antworten, sondern fuhr mit ihrer Erzählung fort.

»Nun kam der Mann zu dem Hirten und sagte zu ihm: ›Guter Freund, hilf mir und leih mir ein wenig Feuer. Mein

Weib hat eben ein Kindlein geboren, und ich muß Feuer machen, um es und den Kleinen zu erwärmen.‹ Der Hirt hätte am liebsten nein gesagt, aber als er daran dachte, daß die Hunde dem Manne nicht hatten schaden können, daß die Schafe nicht vor ihm davongelaufen waren und daß sein Stab ihn nicht fällen wollte, da wurde ihm ein wenig bange, und er wagte es nicht, dem Fremden das abzuschlagen, was er begehrte. ›Nimm, soviel du brauchst‹, sagte er zu dem Manne.

Aber das Feuer war beinahe ausgebrannt. Es waren keine Scheite und Zweige mehr übrig, sondern nur ein großer Gluthaufen, und der Fremde hatte weder Schaufel noch Eimer, worin der die roten Kohlen hätte tragen können.

Als der Hirt dies sah, sagte er abermals: ›Nimm, soviel du brauchst!‹ Und er freute sich, daß der Mann kein Feuer wegtragen konnte. Aber der Mann beugte sich hinunter, holte die Kohlen mit bloßen Händen aus der Asche und legte sie in seinen Mantel. Und weder versengten die Kohlen seine Hände, als er sie berührte, noch versengten sie seinen Mantel, sondern der Mann trug sie fort, als wenn es Nüsse oder Äpfel gewesen wären.«

Aber hier wurde die Märchenerzählerin zum drittenmal unterbrochen. »Großmutter, warum wollte die Kohle den Mann nicht brennen?«

»Das wirst du schon hören«, sagte Großmutter, und dann erzählte sie weiter.

»Als dieser Hirt, der ein so böser, mürrischer Mann war, dies alles sah, begann er sich bei sich selbst zu wundern: ›Was kann dies für eine Nacht sein, wo die Hunde die Schafe nicht beißen, die Schafe nicht erschrecken, die Lanze nicht tötet und das Feuer nicht brennt?‹ Er rief den Fremden zurück und sagte zu ihm: ›Was ist dies für eine Nacht? Und woher kommt es, daß alle Dinge dir Barmherzigkeit zeigen?‹

Da sagte der Mann: ›Ich kann es dir nicht sagen, wenn du selber es nicht siehst.‹ Und er wollte seiner Wege gehen, um bald ein Feuer anzünden und Weib und Kind wärmen zu können.

Aber da dachte der Hirt, er wolle den Mann nicht ganz aus dem Gesicht verlieren, bevor er erfahren hätte, was dies alles bedeute. Er stand auf und ging ihm nach, bis er dorthin kam, wo der Fremde daheim war. Da sah der Hirt, daß der Mann nicht einmal eine Hütte hatte, um darin zu wohnen, sondern er hatte sein Weib und sein Kind in einer Berggrotte liegen, wo es nichts gab als nackte, kalte Steinwände.

Aber der Hirt dachte, daß das arme unschuldige Kindlein vielleicht dort in der Grotte erfrieren würde, und obgleich er ein harter Mann war, wurde er davon doch ergriffen und beschloß, dem Kinde zu helfen. Und er löste sein Ränzel von der Schulter und nahm daraus ein weiches, weißes Schaffell hervor. Das gab er dem fremden Manne und sagte, er möge das Kind darauf betten.

Aber in demselben Augenblick, in dem er zeigte, daß auch er barmherzig sein konnte, wurden ihm die Augen geöffnet, und er sah, was er vorher nicht hatte sehen, und hörte, was er vorher nicht hatte hören können.

Er sah, daß rund um ihn ein dichter Kreis von kleinen, silberbeflügelten Englein stand. Und jedes von ihnen hielt ein Saitenspiel in der Hand, und alle sangen sie mit lauter Stimme, daß in dieser Nacht der Heiland geboren wäre, der die Welt von ihren Sünden erlösen solle.

Da begriff er, warum in dieser Nacht alle Dinge so froh

waren, daß sie niemand etwas zuleide tun wollten. Und nicht nur rings um den Hirten waren Engel, sondern er sah sie überall. Sie saßen in der Grotte, und sie saßen auf dem Berge, und sie flogen unter dem Himmel. Sie kamen in großen Scharen über den Weg gegangen, und wie sie vorbeikamen, blieben sie stehen und warfen einen Blick auf das Kind.

Es herrschte eitel Jubel und Freude und Singen und Spiel, und das alles sah er in der dunklen Nacht, in der er früher nichts zu gewahren vermocht hatte. Und er wurde so froh, daß seine Augen geöffnet waren, daß er auf die Knie fiel und Gott dankte.«

Aber als Großmutter so weit gekommen war, seufzte sie und sagte: »Aber was der Hirte sah, das könnten wir auch sehen, denn die Engel fliegen in jeder Weihnachtsnacht unter dem Himmel, wenn wir sie nur zu gewahren vermögen.«

Und dann legte Großmutter ihre Hand auf meinen Kopf und sagte: »Dies sollst du dir merken, denn es ist so wahr, wie daß ich dich sehe und du mich siehst. Nicht auf Lichter und Lampen kommt es an und es liegt nicht an Mond und Sonne, sondern was not tut, ist, daß wir Augen haben, die Gottes Herrlichkeit sehen können.«

Regina Ullmann
Weihnachtsvisite

Über dem Erdbeergarten im ersten Stockwerk arbeitete ein Beamter, der früher Setzer gewesen war. Voll Ernst erzählte uns das die Mutter. »Er hatte eben so respektvoll zu seiner Arbeit gestanden, daß man sie bewundern mußte, obwohl es dieselben Buchstaben waren und an dieselbe Stelle gesetzt, wie bei andern Setzern auch. Wir wollen ihn einmal besuchen während der Weihnachtsferien.« Und das war uns wichtig, und wir nahmen bald darauf feierlich das Briefchen, das uns dort anmelden sollte. Und nicht nur, weil es eine Visite gab, war es uns wichtig. Nein, gerade als einfache, echte Kinder durchschauten wir in unserm Gemüt den Sinn, den dieser Einblick uns versprach mit der Klarheit und Treue, die darin verborgen lag.

Schon, daß der Mann auf einer andern Seite des Hügels wohnte, daß er den Mut besaß, zu einem eigenen Atem, zwischen Neuerstandenem und immer noch sich Verwandelndem, das erstaunte uns und gab uns eine geradere, aufmerksamere Haltung, als wir in sein Haus traten.

Er begrüßte uns selbst. Er kam uns genau so fest und rasch entgegen, wie wir es vorgefühlt hatten. Die Frau kam. Die Kinder standen noch wartend in den Türen des geräumigen Korridors, bis sie gerufen wurden. »Das ist unser Haus«, sagten sie ganz zierlich, »und das hier ist Gretchen.« Es wurden unsere Mäntel abgenommen. Und dann kam der kleine feierliche Gang zur Weihnachtsstube. Aber was war das auch für eine Stube! Wir wären wieder zurückgetreten, wären wir allein gewesen. Es sang ein Vogel darin, so geheim und glitzernd, als säße er frei in den Ästen. Und die Minuten rannen, obgleich mit uns etwas Fremdes, Beschauendes in den Raum kam, reif und klar weiter und netzten, was nicht vergessen sein sollte und abgedorrt wäre. Und die Feierlichkeit begann auch da, unbeirrt wo sie sonst immer begann, an dem kleinen Nähtisch, wie in Person, ganz bescheiden und unscheinbar. Sie verband da, weil Sonntag war und es keine Arbeit gab, hundert und aberhundert Sonnenringe miteinander und löste sie wieder. Dann aber kam der Tisch daran und hielt um seinen Duft an. Die Honigkuchen und Zimtsterne, die vielen Arten von Butterplätzchen waren sämtlich bereit, sich füreinander auszutauschen und ganz und gar verschenken zu lassen, wenn es schicklich wäre. Einstweilen nahmen sie noch zu an Milde und Knusprigkeit und glaubten, das käme allein von dem Weihnachtsbaum her. Der aber auch hatte sein Rund behalten, das von der Sonne selber ausgemessene, und war ganz Wald- und ganz Weihnachtsbaum. Doch weiß ich nicht mehr, womit er geschmückt war. Er hat mir nur gefallen. Ich weiß auch nichts mehr von den Gaben, die auf der weiß- und blaugestickten Decke lagen. Aber sie mögen von großer Sorgfalt gewesen sein, von der Sorgfalt der dreihundertfünfundsechzig Tage des Jahres. Als man sich sattsam getan an Schauen und Verkosten, begann ein kleines Weihnachtslied, wie ein in Moos gestelltes Krippchen. Und mit solcher Freude sangen die beiden Kinder der himmlischen Botschaft, in der Stimme ihrer Eltern, das Lied, daß man bald horchen, bald lächeln mußte. Es waren auch Geschenke, diese von den Kindern ineinander verschlungenen Weisen, und man las sie aus ihrem Munde, wie eine sich aufschwingende Verkündigung.

Dann bat man uns in den Wohnraum; da fiel mir eine Puppenwiege auf. Aber der Knabe hatte einen Atlas ausgebreitet, da konnte man die ganze Welt sehen; wie plötzlich das Land seine Zunge ins Meer streckte. Der Knabe schweifte mit einem frohen Blick da hinein. Verständnis ist Liebe. Es verdankt sich nichts selber, obgleich es selber so ganz in Person gegenwärtig ist; es reiht organisch nur an und an. Und was es auch beginnt und vollendet, in allem ist es leiblich und geistig aufgenommen. Da stößt man nicht an spitze Vorsprünge eines Wesens. Darum war auch der Atlas wirklich ein Geschenk. Aber er wurde zusammengefaltet und weggelegt. Die Tassen kamen und die hohe Kaffeekanne und die kristallene Zuckerdose, und noch einmal auf andere Weise Weihnachten. Der »Niedl«, wie sie die Schlagsahne nannten, war recht verlockend, aber doch offiziell feierlich. Wer hätte nicht gerne die guten Gaben einmal im Jahre zu Gaste gebeten, auf blumigem Damast! Und mit solchem Anstand, mit einem so gesitteten Abstand, daß das silberne Löffelchen gleichsam eine kleine Verneigung bekam, ehe man es zum Genusse anhob. Und das Gespräch darüber hin, überzeugt von der Gutheit, der Gediegenheit alles Mittelbaren und der Gegebenheit der Person selber. Das war dieselbe Ehrfurcht, wie über dem Setzertische. Das konnte ein Kind verstehen. Klar war es wie Wasser, schmiegsam und ohne fremden Beigeschmack, aber auch hart und stetig wie das Wasser, das die noch härteren Steine feilt. Wohl hatte ein Kind selten eine Frage einzuschalten, aber das Ohr war in gesprächiger Teilnahme.

Schließlich erhob man sich und betrachtete den blühenden Barbarazweig am Fenster. Es war so recht nach Winterart, diese winzigen rosa Blüten mit den spitzen Seitenblättchen treibend zu machen. Und die Hyazinthen, die mit ihren weißen Wurzeln wie mit Flammen ins Wasser schossen. Fern waren sie wegen ihres starken Duftes gestellt worden. Aber noch ferner zogen sie selbst. All ihre Hyazinthenluft drang durch die Fensterritzen und Spalten hinaus. Man war ganz betroffen. Es blieb nur die Blume. Es war aber auch draußen ein Abend nach Blumenart, und allmählich hatte das Zimmer selbst eine völlig ferne Richtung bekommen. Noch nicht lange her, war es doch in der Mitte gewesen bei dem »Niedl« und bei der Torte ... Man sah ganz befremdet zurück. Gedecke waren nicht mehr darauf. Eine brave kleine Jardiniere stand auf dem Tisch. Eine Tür öffnete sich leise, und die Gesangstimme des Knaben sagte einladend: »Vater, die Laterna magica ist bereit.« Oh, für Kinder, alles war hier für Kinder. Wir sprangen herzu und setzten dankbar uns bereit in dem geräumigen Hausflur. Das hatten wir ihm doch nicht angesehen, als wir eingetreten waren. »Kinder, ferner müßt ihr noch rücken«, sagte der Mann und hob sein Gretchen mitsamt dem Stuhl in den noch dunkleren Hintergrund. Und dann begann das Geräusch der langsam sich schiebenden Glasplatten. Und wir waren innen im Sinn der Bilder und der Farben. Unsere eigenen Bewegungen wurden stoßweise eckig und kühn oder furchtsam sich zurückziehend. Das Rot war da wie in der heißesten Sonne gehend, an der Hand der Mutter, mit geschlossenen Augen. Rot war auch die fernste, äußerste Kälte: Der Mond ward da zur Sonne. Die Sonne selber aber hatte keine Macht mehr. Blau war das Wasser. Und gelb seit allen Zeiten her der tausendfache Löwenzahn. Er war das Wappen dieser Farbe. Ein Mühlrad fing sich zu bewegen an. Ein Hammer schlug auf seinen Amboß. Jahreszeiten kamen wie aus den Büchern hervor mit Elfen und mit Zwergen. Ein Sommer türmte sich auf wankenden Wagen zurück, auf den konnte man viel Vertrauen haben. Ein Winter war da. Die Kinder fuhren auf Schlitten in das Weiß der Leinwand hinein und verschwanden. Es war merkwürdig, beinahe zum Bangen.

Es hatte nicht länger gedauert, als einem Sonntagsgast im Stadtpark, unten, sein Gläschen Likör, und einem Abstinenzler in dem großen Turnsaal seine treuherzige Predigt. Wir standen auf, um vieles bereichert und um etwas verkürzt, wie immer, wenn etwas so plötzlich zu Ende ist. Es war eben eine ganz neue Laterna magica, die noch nicht so viele Platten hatte. Möglich war auch, daß man, mit seinen Sinnen beschäftigt, gar nicht alles hatte behalten können. Und da wir so an den Ausgang des schönen Nachmittages gelangt waren, gab sich von selber das Auseinandergehen. Zwei »Rosinenfrauen« wurden noch aus dem Weihnachtszimmer gebracht und sollten mit auf den Heimweg gehen. Und die Mäntel wurden herbeigeholt und sorgfältig umgelegt wie den eigenen Kindern. Man nahm Abschied von allen und von jedem, beinah ein wenig wehmütig. Dann schloß sich die Türe. Dann war man auf der Treppe, dann im Schnee auf der Straße. Eine Strecke weit noch kamen die vier Gesichter mit ...

Wie hat uns doch die Freude ausgestattet, hat uns Gehör, Gesicht, Geschmack verliehen, wahrlich, einfache Dinge, simples, pures Leben, einen Weg gehend, den es ohnedies gehen muß. Und doch ist es wie ein Blütenbaum, oder wie überschneite Winterzweige, oder wie die nackten Konturen des Spätherbstes. Es macht mit uns, was es will, wahrlich vielerlei ...

Erich Kästner
Ein Kind hat Kummer

Nur einmal in jedem Jahre hätte ich sehnlich gewünscht, Geschwister zu besitzen: am Heiligabend! Am Ersten Feiertag hätten sie ja gut und gerne wieder fortfliegen können, meinetwegen erst nach dem Gänsebraten mit den rohen Klößen, dem Rotkraut und dem Selleriesalat. Ich hätte sogar auf meine eigene Portion verzichtet und statt dessen Gänseklein gegessen, wenn ich nur am 24. Dezember abends nicht allein gewesen wäre! Die Hälfte der Geschenke hätten sie haben können, und es waren wahrhaftig herrliche Geschenke!

Und warum wollte ich gerade an diesem Abend, am schönsten Abend eines Kinderjahres, nicht allein und nicht das einzige Kind sein? Ich hatte Angst. Ich fürchtete mich vor der Bescherung! Ich hatte Furcht davor und durfte sie nicht zeigen. Es ist kein Wunder, daß ihr das nicht gleich versteht. Ich habe mir lange überlegt, ob ich darüber sprechen solle oder nicht. Ich will darüber sprechen! Also muß ich es euch erklären.

Meine Eltern waren, aus Liebe zu mir, aufeinander eifersüchtig. Sie suchten es zu verbergen, und oft gelang es ihnen. Doch am schönsten Tag im Jahr gelang es ihnen nicht. Sie nahmen sich sonst, meinetwegen, so gut zusammen, wie sie konnten, doch am Heiligabend konnten sie es nicht sehr gut. Es ging über ihre Kraft. Ich wußte das alles und mußte, uns dreien zuliebe, so tun, als wisse ich's nicht.

Wochenlang, halbe Nächte hindurch, hatte mein Vater im Keller gesessen und, zum Beispiel, einen wundervollen

Pferdestall gebaut. Er hatte geschnitzt und genagelt, geleimt und gemalt, Schriften gepinselt, winziges Zaumzeug zugeschnitten und genäht, die Pferdemähnen mit Bändern durchflochten, die Raufen mit Heu gefüllt, und immer noch war ihm, beim Blaken der Petroleumlampe, etwas eingefallen, noch ein Scharnier, noch ein Beschlag, noch ein Haken, noch ein Stallbesen, noch eine Haferkiste, bis er endlich zufrieden schmunzelte und wußte: Das macht mir keiner nach!

Ein andermal baute er einen Rollwagen mit Bierfässern, Klappleitern, Rädern mit Naben und Eisenbändern, ein solides Fahrzeug mit Radachsen und auswechselbaren Deichseln, je nachdem, ob ich zwei Pferde oder nur eins einspannen wollte, mit Lederkissen fürs Abladen der Fässer, mit Peitschen und Bremsen am Kutschbock, und auch dieses Spielzeug war ein fehlerloses Meisterstück und Kunstwerk!

Es waren Geschenke, bei deren Anblick sogar Prinzen die Hände überm Kopf zusammengeschlagen hätten, aber Prinzen hätte mein Vater sie nicht geschenkt.

Wochenlang, halbe Tage hindurch, hatte meine Mutter die Stadt durchstreift und die Geschäfte durchwühlt. Sie kaufte jedes Jahr Geschenke, bis sich deren Versteck, die Kommode, krummbog. Sie kaufte Rollschuhe, Ankersteinbaukästen, Buntstifte, Farbtuben, Malbücher, Hanteln und Keulen für den Turnverein, einen Faustball für den Hof, Schlittschuhe, musikalische Wunderkreisel, Wanderstiefel, einen Norwegerschlitten, ein Kästchen mit Präzisionszirkeln auf blauem Samt, einen Kaufmannsladen, einen Zauberkasten, Kaleidoskope, Zinnsoldaten, eine kleine Druckerei mit Setzbuchstaben und, von Paul Schurig und den Empfehlungen des Sächsischen Lehrervereins angeleitet, viele, viele gute Kinderbücher. Von Taschentüchern, Strümpfen, Turnhosen, Rodelmützen, Hemden und ähnlich nützlichen Dingen ganz zu schweigen. Es war ein Konkurrenzkampf aus Liebe zu mir, und es war ein verbissener Kampf. Es war ein Drama mit drei Personen, und der letzte Akt fand, alljährlich, am Heiligabend statt. Die Hauptrolle spielte ein kleiner Junge. Von seinem Talent aus dem Stegreif hing es ab, ob das Stück eine Komödie oder ein Trauerspiel wurde. Noch heute klopft mir, wenn ich daran denke, das Herz bis in den Hals. Ich saß in der Küche und wartete, daß man mich in die Gute Stube rief, unter den schimmernden Christbaum, zur Bescherung. Meine Geschenke hatte ich parat: für den Papa ein Kistchen mit zehn oder gar 25 Zigarren, für die Mama einen Schal, ein selbstgemaltes Aquarell oder – als ich einmal nur noch 65 Pfennige besaß – in einem Karton aus Kühnes Schnittwarengeschäft, hübsch verpackt, die sieben Sachen. Die sieben Sachen? Ein Röllchen weißer und ein Röllchen schwarzer Seide, ein Heft Stecknadeln und ein Heft Nähnadeln, eine Rolle weißen Zwirn, eine Rolle schwarzen Zwirn und ein Dutzend mittelgroßer schwarzer Druckknöpfe, siebenerlei Sachen für 65 Pfennige. Das war, fand ich, eine Rekordleistung! Und ich wäre stolz gewesen, wenn ich mich nicht so gefürchtet hätte.

Ich stand also am Küchenfenster und blickte in die Fenster gegenüber. Hier und dort zündete man schon die Kerzen an. Der Schnee auf der Straße glänzte im Laternenlicht. Weihnachtslieder erklangen. Im Ofen prasselte das Feuer, aber ich fror. Es duftete nach Rosinenstollen, Vanillezucker und Zitronat. Doch mir war elend zumute. Gleich würde ich lächeln müssen, statt weinen zu dürfen.

Und dann hörte ich meine Mutter rufen: »Jetzt kannst du

kommen!« Ich ergriff die hübsch eingewickelten Geschenke für die beiden und trat in den Flur. Die Zimmertür stand offen. Der Christbaum strahlte. Vater und Mutter hatten sich links und rechts vom Tisch postiert, jeder neben seine Gaben, als sei das Zimmer samt dem Fest halbiert. »Oh«, sagte ich, »wie schön!« und meinte beide Hälften. Ich hielt mich noch in der Nähe der Tür, so daß mein Versuch, glücklich zu lächeln, unmißverständlich beiden galt. Der Papa, mit der erloschnen Zigarre im Munde, beschmunzelte den firnisblanken Pferdestall. Die Mama blickte triumphierend auf das Gabengebirge zu ihrer Rechten. Wir lächelten zu dritt und überlächelten unsre dreifache Unruhe. Doch ich konnte nicht an der Tür stehen bleiben!

Zögernd ging ich auf den herrlichen Tisch zu, auf den halbierten Tisch, und mit jedem Schritt wuchsen meine Verantwortung, meine Angst und der Wille, die nächste Viertelstunde zu retten. Ach, wenn ich allein gewesen wäre, allein mit den Geschenken und dem himmlischen Gefühl, doppelt und aus zweifacher Liebe beschenkt zu werden! Wie selig wäre ich gewesen, und was für ein glückliches Kind! Doch ich mußte meine Rolle spielen, damit das Weihnachtsstück gut ausgehe. Ich war ein Diplomat, erwachsener als meine Eltern, und hatte dafür Sorge zu tragen, daß unsre feierliche Dreierkonferenz unterm Christbaum ohne Mißklang verlief. Ich war, schon mit fünf und sechs Jahren und später erst recht, der Zeremonienmeister des Heiligen Abends und entledigte mich der schweren Aufgabe mit großem Geschick. Und mit zitterndem Herzen.

Ich stand am Tisch und freute mich im Pendelverkehr. Ich freute mich rechts, zur Freude meiner Mutter. Ich freute mich an der linken Tischhälfte über den Pferdestall im allgemeinen. Dann freute ich mich wieder rechts, diesmal über den Rodelschlitten, und dann wieder links, besonders über das Lederzeug. Und noch einmal rechts, und noch einmal links, und nirgends zu lange, und nirgends zu flüchtig. Ich freute mich ehrlich und mußte meine Freude zerlegen und zerlügen. Ich gab beiden je einen Kuß auf die Backe. Meiner Mutter zuerst. Ich verteilte meine Geschenke und begann mit den Zigarren. So konnte ich, während der Papa das Kistchen mit seinem Taschenmesser öffnete und die Zigarren beschnupperte, bei ihr ein wenig länger stehen bleiben als bei ihm. Sie bewunderte ihr Geschenk, und ich drückte sie heimlich an mich, so heimlich, als sei es eine Sünde. Hatte er es trotzdem bemerkt? Machte es ihn traurig?

Nebenan, bei Grüttners, sangen sie »O du fröhliche, o du selige, gnadenbringende Weihnachtszeit!« Mein Vater holte ein Portemonnaie aus der Tasche, das er im Keller zugeschnitten und genäht hatte, hielt es meiner Mutter hin und sagte: »Das hätt ich ja beinahe vergessen!« Sie zeigte auf ihre Tischhälfte, wo für ihn Socken, warme lange Unterhosen und ein Schlips lagen. Manchmal fiel ihnen, erst wenn wir bei Würstchen und Kartoffelsalat saßen, ein, daß sie vergessen hatten, einander ihre Geschenke zu geben. Und meine Mutter meinte: »Das hat ja Zeit bis nach dem Essen.«

Fay Weldon
Wer geht wohin?

»Nein!« sagte Adrienne. Sie wissen doch, wie manche Kinder mit vier sind?

»Ziehst du bitte deinen hübschen neuen Mantel an?«

»Nein!«

»Na komm, ein Löffelchen von diesem guten Apfelmus.«

»Nein!«

»Adrienne, Schätzchen, bitte.«

»Nein!«

Die Ärmchen ganz steif, die Lippen fest zusammengekniffen: das vielgeliebte kleine Mädchen, das seine Macht denen gegenüber ausspielt, die lieben und sich somit demütigen lassen. Bloß daß Adrienne keine vier mehr war, sondern vierunddreißig und sich immer noch so aufführte, wie sich das nur die wahrhaft Schönen leisten können, und gar nicht merkte, daß ihr allmählich die Leute ausgingen, die sie liebten. Aber vielleicht war ihr das ja auch egal.

Sie war schon immer so gewesen. Manchmal vergaß das jemand und fragte: »Adrienne, darf ich mir für den Ball deine rosa Schuhe ausleihen?«

»Nein!«

»Adrienne, könntest du mir einen Job besorgen?«

»Nein!«

»Adrienne, deine Großmutter ist krank, willst du sie nicht mal besuchen?«

»Nein!«

»Adrienne, würdest du bitte aufhören, mit Cynthias Mann zu schlafen?«

»Nein!«

Was Adrienne besaß – schöne Kleider –, davon gab Adrienne niemandem etwas ab. Was Adrienne erworben hatte – weltlichen Erfolg –, das versuchte sie sich mit aller Macht zu erhalten. Was Adrienne nicht wollte – zum Beispiel Großmütter –, das ließ sie im Stich. Was Adrienne wollte, zum Beispiel Cynthias Mann Tyro, das bekam sie auch. Selbst wenn es Cynthia anfangs ziemlich schleierhaft war, was Adrienne eigentlich an Tyro fand, den Cynthia bis dahin für ziemlich gewöhnlich gehalten hatte, oder wenn überhaupt für etwas Besonderes, dann für besonders unfähig und unordentlich. Vielleicht waren ja Cynthias damalige Einstellung zu Tyro und ihre mangelnde Geduld mit ihm schuld daran, daß Tyro allmählich so verrückt nach Adrienne wurde, daß die einfach nach ihm greifen und ihn vom Baum der Familie pflücken konnte und er ihr in den Schoß fiel, reif und knackig, zum Anbeißen, kein sich abstrampelnder Studiomusiker mehr, sondern ein Komponist für die Soundtracks großer Spielfilme.

Man weiß eben nie, was man hat, bis es weg ist, und als Tyro weg war, da weinten Cynthia und die drei Kinder gar bitterlich.

»Nein«, sagte Adrienne, als Cynthia fünf Jahre nach ihrer Hochzeit mit Tyro anfragte, ob Adrienne die Kinder, den zehnjährigen Alex, die achtjährige Alison und den sechsjährigen Edward, am ersten Weihnachtsfeiertag nehmen könne. Sie wollten zu Hause Bescherung feiern und dann zum

Weihnachtsessen bei ihrem Vater sein. Und sie, Cynthia, hatte etwas ganz Besonderes vor …

»Nein«, sagte Adrienne.

»Warum nicht?« fragte Tyro sanft. Er hatte ein freundliches Gesicht und ewig zerknitterte Klamotten, egal wie neu und teuer sie sein mochten. Aber er war ein Genie, das sagten mittlerweile alle, also spielte es nicht die Rolle, die es sonst gespielt hätte. Adrienne hatte gern alles perfekt. Das ganze Apartment war weiß, weiß, weiß und wurde häufig für schicke Zeitschriften fotografiert. Adrienne war Innenarchitektin: sehr teuer, in jeder Hinsicht.

»Ich sage nein, weil ich dich liebe«, antwortete Adrienne. »Und weil der erste Weihnachtstag etwas ganz Besonderes für uns ist.« (Was auch stimmte: Heiligabend war es genau sieben Jahre her, daß Cynthia Tyro erzählt hatte, sie sei wieder schwanger, und Tyro voller Panik und Verzweiflung den nächsten Tag mit Adrienne verbracht hatte und nie wieder nach Hause gegangen war. Also war Weihnachten gleichsam der Jahrestag ihres Zusammenseins, das Morgengrauen ihrer großen Liebe.)

»Aber wenn die Kinder kommen wollen …«

»Nein, Tyro! Wir haben jetzt unser eigenes Kind.«

Ganz recht: ein Kind namens Tommy, drei Monate alt. Das letzte halbe Jahr war für Adrienne absolut furchtbar gewesen, während es Tommy ganz gut gefallen hatte. Adrienne war wirklich ahnungslos gewesen, sonst hätte sie sich nie auf diese Schwangerschaft eingelassen. Sie erwachte gerade erst aus dem Alptraum.

»Das heißt doch nicht, daß die anderen drei nicht mehr existieren.« Tyro war ungewöhnlich hartnäckig. »Wir könnten das hinkriegen. Ich würde auch kochen.«

»Nein«, sagte Adrienne. »Das geht auf keinen Fall. Bloody Mary hat das Wochenende frei.« Das war einer ihrer Witze – Bloody Mary für Mary, das Kindermädchen –, oder vielmehr Adriennes Witz. Weder Tyro noch Mary fanden ihn besonders komisch.

Sobald Tyro aus dem Zimmer war, griff Adrienne zum Telefonhörer, rief Cynthia an und sagte: »Laß uns endlich in Ruhe. Hör auf mit dem Gejammer und Generve. Leb dein eigenes Leben, kümmere dich um deine eigenen Kinder. Die sollten an Weihnachten sowieso bei dir sein.« Und sie wollte gerade dazu überleiten, daß Tyro Cynthias Telefonrechnung nicht weiter bezahlen würde, schließlich sei es an der Zeit, daß Cynthia sich bemühe, auf eigenen Beinen zu stehen, statt andauernd rumzuschnorren, und ihre Stimme wurde immer höher und schriller, wie immer, wenn sie gereizt war, und klang kaum mehr nach Fergie und dafür eher nach Janet Street-Porter, was ihr gar nicht recht war, als Tyro wieder ins Zimmer kam, also sagte sie in ihrem angenehmsten, leicht gedämpften Tonfall: »Cynthia, die Kinder sind jetzt alle in der Schule, ganztags. Ist es da nicht an der Zeit, daß du einen Job annimmst? Damit wärst du schon unabhängiger. Du kannst doch nicht ewig die Vergangenheit hochhalten. Und weißt du was? Tyro könnte dann an Neujahr mit ihnen mittags essen gehen. Ich glaube, da hat er Zeit. Wäre das denn nicht nett und gewissermaßen auch symbolisch?« Und dann, als sie auflegte, sagte sie zu Tyro: »Wie bist du nur je auf die Idee gekommen, diese Frau zu *heiraten*? Warst du damals vielleicht depressiv oder was?«

»Silvester geben wir eine Party«, erwiderte Tyro. »Da wird mit mir an Neujahr nicht viel los sein.«

»Das dürften die Kinder kaum merken«, meinte Adrienne. »Die doch nicht. Die werden zu sehr damit beschäftigt sein, die Wände mit Tomatensoße zu beschmieren. Eigentlich müßte deine erste Frau es doch schaffen, sie von dem vielen Geld, das wir ihr schicken, halbwegs anständig zu erziehen. Was macht sie nur den ganzen Tag?«

Adrienne war erstaunlich schön. Ihre Lippen waren rosa und üppig geschwungen, ihre Zähne klein, weiß und regelmäßig: Also neigten die Leute dazu, ihren Mund anzuschauen, wenn sie redete, statt auf die Worte zu achten, die aus ihm hervorkamen. Vielleicht gehörte ja das zu ihrem Dilemma: Sie hatte niemals etwas *lernen* müssen. Dabei war sie gescheit und geschickt, und selbst wenn ihre Bloody Mary sich ein paar Tage freinahm, lag Tommy still, brav, strahlend und immer schön zugedeckt in seinem Bettchen, über dem Designer-Mobiles baumelten. Vielleicht hatte Adrienne einfach nur Glück, aber wer weiß – womöglich kommt ja auch genau das dabei heraus, wenn man mit Babys richtig konsequent ist.

Aber nun sah Adrienne Tyro mit einem ziemlich komischen Gesichtsausdruck dastehen, also ging sie auf ihn zu, nahm ihn in die Arme, um etwaige dumme Gedanken zu verscheuchen, lockte ihn ins Schlafzimmer, schob die Tagesdecke – weißer Satin über cremefarbenem Veloursleder – auf den weißen Teppich hinunter und ließ Tyro mit ihr intim werden, und trotzdem sagte er hinterher: »Also wenn Cynthia nun mal den ersten Weihnachtstag freihaben und irgendwohin will ...«

»Nein!« erwiderte Adrienne.

»Denn wenn Cynthia jemanden kennengelernt haben sollte und glücklich wäre, weshalb ...«

»Nein!« sagte Adrienne, der auf einmal mehr daran lag, daß Cynthia unglücklich war, als daß sie selbst glücklich war. »Nein, nein, nein!«

Tommy würde ordentlich erzogen werden und in dem von Adrienne Charles entworfenen Kinderzimmer spielen – sie versuchte, es patentieren zu lassen, aber Patente auf Kinderzimmer sind erstaunlich schwer zu bekommen –, wo es alles gab, was ein Kind sich nur wünschen konnte, wo jede Oberfläche abwaschbar war und sich nachts ein Saugluftgerät einschaltete, um den Staub sanft zu entfernen und mit dem Staub die Keime, und ein Filtersystem die Stadtluft von Blei reinigte – und in der Tat sollte Tommy gar nicht erst auf die Idee kommen, Alec, Alison und Edward hätten irgend etwas mit ihm zu tun, nur weil sie denselben Vater hatten. Cynthias Kinder waren unansehnlich, unruhig und distanzlos: Alec jammerte, Alison schniefte und Edward warf mit Gegenständen herum. Manchmal kam sie mit, wenn Tyro mit ihnen essen ging, aber nur, wenn er darauf bestand. Edward setzte sich nicht an den Tisch, sondern darunter, und niemand unternahm etwas dagegen, und als sie einmal aufstehen wollte, mußte sie feststellen, daß die Schnürsenkel ihrer kleinen cremefarbenen Fischlederschuhe zusammengebunden waren. Alle hatten gelacht. Adrienne ließ die drei nicht in ihr Apartment. Sie würden es furchtbar finden, genauso furchtbar, wie sie es finden würde, die Kinder dazuhaben. Bei sich zu Hause hatten sie Arsenal-Tapeten an den Schlafzimmerwänden, das sagte jedenfalls Tyro. Woher *wußte* Tyro das eigentlich? Er ging sie doch nicht etwa *besuchen*? Nein, sicher nicht. Die Kinder mußten es ihm erzählt haben: Arsenal-Tapeten! Sie, Adrienne, fühlte und verhielt sich so, als hätte ihr Leben an dem Tag begonnen, an dem sie Tyro begegnet war. Warum konnte es bei ihm nicht umgekehrt genauso sein? Heutzutage waren Männer und Frauen doch gleich: Cynthia hatte die Kinder mehr oder weniger gegen Tyros Wunsch bekommen, was sie zu ihren machte, nicht zu seinen. Und Cynthia hatte nicht begriffen, daß Tyro Platz brauchte, um zu arbeiten und sein Talent zu entfalten. Wie konnte er das auch, wenn drei kleine Kinder um seine Füße herumkrabbelten? Cynthia war egoistisch gewesen, hatte sich gehenlassen, war in die Breite gegangen, konnte Tyro in seinem Beruf nicht helfen, kannte keine Leute in wichtigen Positionen: Was hatte Cynthia bloß erwartet? Ihr ganzer Freundeskreis war der gleichen Meinung. Nach einer Scheidung verschwanden die meisten Väter allmählich von der Bildfläche. Adrienne hatte geglaubt, Tyro würde das gleiche tun. Und obendrein waren die Kinder noch nicht einmal nett oder hübsch: Sie waren *schrecklich*.

Damit hatte sich's also: Nein! Tyro konnte am Neujahrstag mit Cynthias Kindern essen gehen, während Adrienne nach ihrer Party voll und ganz mit Aufräumen beschäftigt sein würde. Bloody Mary nahm Tommy über die Feiertage mit zu sich nach Hause, was schon eine Hilfe bedeutete. Es war eine wichtige Party.

Sechs Tage vor Weihnachten ging Tyro los und kam mit einer Tanne wieder, einer echten, schief gewachsenen, und ließ sich nicht davon abbringen, sie aufzubauen und kunterbunt mit Woolworth-Christbaumschmuck zu behängen, und das anstelle des eleganten silbernen Bäumchens, das sie für die Party geplant hatte: Die teuren Kristallkugeln hatte sie nun ganz umsonst gekauft. Was sollte das? Fünf Nächte lang entzog sie sich ihm im Bett, er würde schon auf den Zusammenhang kommen, dachte sie. In der Zwischenzeit machte sie Listen und organisierte: Eine ganze Menge wichtiger und einflußreicher Leute würden kommen. Der grüne Weihnachtsbaum wirkte nach wie vor absurd in dieser Umgebung, aber sie rechnete damit, daß sie Tyro überzeugen konnte, ihn am zweiten Weihnachtstag rauszustellen. Niemand hielt sich mehr an das Ritual der heiligen dreizehn Nächte, und das war auch besser so: Sonst würde noch das ganze Land mit toten Tannennadeln überschwemmt werden.

Bevor sie am Weihnachtsmorgen die Geschenke – silbrig-glitzernde Stapel am Fußende des Bettes – aufmachten, schlang Adrienne ihre langen Beine um die von Tyro und verzieh ihm, aber er schien nicht ganz bei der Sache zu sein.

»Was ist los, mein Herzblatt, mein Schatz, mein Genie, mein ein und alles, Licht meiner Nächte, meine Liebe?«

»Nichts«, sagte er. Was sonst? Es bringt eben nichts, einen Mann zu fragen, was los ist, weil er entweder nichts sagen will oder es nicht weiß oder mit der falschen Antwort kommt. Also becircte Adrienne ihn klugerweise wieder zum Glücklichsein und dazu, sich auf sie zu konzentrieren, was auf dasselbe hinauslief. Sie hatte ihm zu Weihnachten einen tollen neuen Anzug für die Party gekauft, aus einer neuartigen Waschseide, die schon von Natur aus zerknittert aussehen sollte. Und er schenkte ihr eine Brosche aus Glas, Diamanten und Platin, die wirklich hübsch war, doch als sie genauer hinsah, erkannte Adrienne, daß sie wie ein Teddybär geformt war, und wer trug heutzutage sowieso noch Broschen? Männer waren wirklich unmöglich mit Geschenken. Ein Teddybär! Sie versuchten, alle Frauen in Mütter zu verwandeln, und sobald es ihnen gelungen war, verloren sie das Interesse und verdrückten sich. Genauso war es bei ihrem Vater gewesen. Sie spürte eine Welle von Liebe zu Tyro in sich aufsteigen, was Angst und Hilflosigkeit in ihr auslöste, aber auch ein angenehmes Gefühl von Abhängigkeit, so als wäre sie wieder ein Kind. Sie strich etwas Honig auf ein kleines Stück Toast und fütterte ihn damit: eine aufrichtige Geste, da Honig ja so klebrig war und sie überhaupt nur welchen im Haus hatte, weil Tyro darauf bestand. Und doch schien er irgendwie abwesend zu sein. Sie hoffte, daß sie es nicht zu weit getrieben hatte mit ihrer Adventskeuschheit, aber schließlich hatte sie das ja schon wieder gutgemacht. Sie liebte ihn. Er wußte das.

Er aß den dargereichten Happen – was blieb ihm auch anderes übrig? –, aber dann stand er auf und zog sich an. Seine Socken waren die vom Vortag.

»Ich geh jetzt«, sagte er.

»Wohin?« fragte sie verblüfft.

»Die Kinder besuchen. Ich bin den Vormittag über bei ihnen.«

Hinterher glaubte sie sich zu erinnern, geschrien zu haben. Sie hoffte, daß ihre Erinnerung trog, es gab ja doch gewisse Benimmregeln. Aber der *Weihnachtstag, ihr* Weihnachtstag! Wie konnte er nur! Und trotzdem hatte er es getan. Sie konnte ihn nicht verstehen. Sie mußte benommen gewesen sein, im Schock. Ohne etwas anzuziehen, wanderte sie im Apartment herum, und doch war alles wie sonst, nur still und leer. Sie hätte Tommy gern hochgenommen, aber noch nicht einmal er war da. Sie hoffte, daß es ihm gutging. Natürlich ging es ihm gut. Bloody Mary war eine bis an die Zähne bewanderte Kinderpflegerin, was das Ganze nicht unbedingt leichter machte: Adrienne hatte ihr über Weihnachten freigeben müssen, aus lauter Angst, sie zu verlieren. Zumindest hatte sie darauf bestanden, daß dieses blöde Mädchen das Baby mitnahm, ein halber Sieg, wenn nicht gar ein ganzer. Wut bahnte sich einen Weg durch den Schock: Empörung, Zorn. Sie schloß die Vordertür ab, schloß Tyro aus, warf seinen Weihnachtsbaum um. Sie hatte nicht gewußt, daß sie so stark war, und überall lagen Tannennadeln und Glassplitter, und sie trat den scheußlich ordinären Schokoladentinnef in den Teppich – und dann nahm sie den Telefonhörer ab, um Cynthia anzurufen, hatte aber gottlob, gottlob noch so viel Verstand, gleich wieder aufzulegen. Statt dessen begann sie, ihre Freundinnen anzurufen, aber die wirkten alle kühl, schrecklich kühl.

Anthea sagte: »Soll Tyro seine Kinder doch sehen. Schließlich ist Weihnachten«, und: »Ich wollte dich auch schon anrufen. Philip und ich können Silvester nicht kommen ...«, und Philip war Chef der Presseabteilung bei der Philharmonie.

Und Dulcie sagte: »Du, ich hab zu tun. Der Truthahn ist noch nicht mal im Ofen. Du hast Tyro gewollt, du hast ihn gekriegt, also verlang jetzt kein Mitleid von mir. Sam und ich können übrigens Donnerstag abend nicht kommen.

Tut mir leid.« Et cetera. Sam war Besitzer der größten Ladenkette für Badezimmerdesign im ganzen Land.

Und David sagte: »Schatz, das ist jetzt gerade keine günstige Zeit. Ich bin ein bißchen beschäftigt«, und sie wußte, was das hieß, und regte sich nur noch mehr auf. Sie war daran gewöhnt, daß David voller Anbetung hinter den Kulissen harrte.

Und Maureen sagte: »Ich will nichts mehr gegen die arme, blöde Cynthia hören. Sie ist nicht perfekt, aber wer ist das schon? Und im übrigen sind wir beide mittlerweile gute Freundinnen, und Darryl und ich sind zu einem Entschluß gekommen, zu dem wir irgendwie nicht gekommen sind, als es Zeit gewesen wäre, und an Silvester gehen wir zu Cynthia ...«, und Maureen hatte praktisch die ganze Paramount unter sich, aber das war nichts im Vergleich zu diesem Verrat.

Und dann gab es niemanden mehr zum Anrufen, also klingelte sie bei Mary durch, die ganz überrascht klang und sagte, natürlich gehe es Tommy gut, wieso denn auch nicht?

Sie rief ihre Mutter an, obwohl sie sie haßte, und sagte »Frohe Weihnachten« und haßte sie ein bißchen weniger. Aber ihre Mutter schien sich nur für Tommy zu interessieren und machte ein großes Getue darum, daß er nicht da war, was Adrienne kein Stück überraschte. Warum hatte sie sich überhaupt die Mühe gemacht? Und wo war Tyro, Tyro, ihre wahre große Liebe? Bei drei Kindern in einer so winzigen Wohnung konnte er zumindest nicht mit Cynthia im Bett sein. Oder?

Sie rief bei Cynthia an. Das Telefon klingelte und klingelte. Vielleicht also doch. Vielleicht hatte Cynthia die Kinder irgendwo abgeladen – Adrienne war hilflos: Es gab nichts, was sie tun konnte.

Adrienne weinte, bis sie häßlich war. Adrienne warf ihre Teddybrosche in den Müllschlucker. Adrienne warf Tyros neuen Seidenanzug in die Waschmaschine und stellte das Programm für stark verschmutzte Kochwäsche ein. Ich bin wahnsinnig geworden, dachte Adrienne beim letzten Spülgang. Der Gedanke beruhigte sie. Es war Wahnsinn zu glauben, daß ein Mensch einen anderen besitzen konnte, die Welt nach den eigenen Interessen neu erschaffen konnte. Trotzdem versuchte sie es noch einmal bei Cynthia. Diesmal kam eins der Kinder ans Telefon.

»Ist dort Alec, Alison oder Edward?« fragte sie ganz manierlich. »Hier ist nämlich Adrienne.«

»Ich bin Edward«, sagte Edward. »Ich will nicht mit dir reden. Du bist furchtbar.«

»Ja, ich weiß – tut mir leid.«

»Na ja«, meinte Edward, »manchmal bin ich auch furchtbar. Das sagen alle.« Darüber mußten sie beide lachen. Und dieses Lachen nach soviel Weinen ließ einen ganzen Eisblock in ihrem Herzen zerschmelzen: So beschrieb sie es hinterher jedenfalls Tyro. Und dann übernahm Cynthia das Gespräch.

»Ich hab ihn nicht gebeten herzukommen«, erklärte sie, bevor Adrienne etwas sagen konnte. »Es ist mir sogar verdammt lästig, daß er hier ist, weil ich einen Freund zum Essen erwarte. Daß die Männer aber auch immer im unpassendsten Moment auftauchen müssen. Na ja, die Kinder scheinen sich jedenfalls zu freuen. Alles steht kopf. Woher kommt das eigentlich, daß Kinder um so mehr Unordnung machen, je glücklicher sie sind?«

»Also das weiß ich nun wirklich nicht«, sagte Adrienne.

»Das hätte ich mir denken können. Aber was ist eigentlich mit dir los? Du hast noch nicht eine Gemeinheit zu mir gesagt.«

»Der Geist der Weihnacht ist mir auf die Zunge geschlagen.«

»Tyro will sich gerade auf den Rückweg machen. Er hat mich beim ersten Mal nicht ans Telefon gelassen, er wußte, du würdest dran sein und er müßte dann gehen. Aber diesmal hat Edward abgenommen, bevor ich es verhindern konnte.«

»Hör mal«, sagte Adrienne, »wenn die Kinder wollen, können sie auch mitkommen. Wenn es das für dich einfacher macht. Es ist ein ziemlich blödsinniges Weihnachtsessen, mit Kaviar und so, aber ich hab reichlich davon da. Das heißt, wenn sie nicht lieber ihren Truthahn bei dir essen wollen.«

»Tja«, meinte Cynthia. »Tja, also ich bin seit einiger Zeit Vegetarierin, und deshalb gibt es hier nur falschen Truthahn mit Linsen. Darauf werden sie gern verzichten. Sie sind schon unterwegs.«

Und das waren sie auch. Und als das nächste Weihnachtsfest kam, gab es Truthahn, Tommy spielte auf dem dunkelrosa Teppich unter Adriennes Füßen – so als wäre sie eine ganz gewöhnliche Mutter – und kriegte Tannennadeln in die Haare, und die Kinderzimmer-Suite war in Schlafzimmer verwandelt worden, damit Alec, Alison und Edward auch mal übernachten konnten.

»Es ist eben anstrengend, nein zu sagen«, sagte Adrienne, an deren Kragen die Teddybrosche funkelte, die Tyro ihr als Ersatz für die alte gekauft hatte, die irgendwie verlorengegangen war. Ihre neue Angewohnheit, ja zu sagen, brachte natürlich ganz eigene Probleme mit sich, aber das ist eine andere Geschichte, für die Sommerferien.

Patricia Highsmith
Eine Uhr tickt zu Weihnachten

»Haben Sie vielleicht einen Franc für mich, Madame?« So fing es an.

Michele hatte die Arme voller Schachteln und Plastikbeutel und blickte über sie hinweg, auf einen kleinen Jungen in einem lose hängenden Tweedmantel und mit einer Tweedmütze, die ihm bis über die Ohren ging, herab. Er hatte große dunkle Augen und ein bittendes Lächeln.

»Ja!« Es gelang ihr, die zwei Francs, die sie noch, seit sie das Taxi bezahlt hatte, in der Hand hielt, loszulassen.

»Merci, Madame!«

»Und dies hier noch«, sagte Michele. Ihr war plötzlich eingefallen, daß sie gerade einen Zehn-Francs-Schein in eine Manteltasche gesteckt hatte.

Der Mund des Jungen klappte auf. »O Madame! Merci!«

Die eine glatte Einkaufstasche war runtergefallen. Der Junge hob sie auf.

Michele lächelte, umfaßte den Henkel mit einem Finger und drückte mit einem Ellbogen auf den Türknopf. Die schwere Tür öffnete sich, und Michele trat über die erhöhte Schwelle. Mit der Schulter drückte sie die Tür wieder zu und ging dann über den Innenhof ihres Apartmenthauses. Bambusbäumchen standen wie schlanke Wächter zur Linken und Rechten, und Lorbeerbäume und Farne wuchsen zu beiden Seiten des gepflasterten Weges, den sie zum Block E einschlug. Charles war sicher schon zu Hause; es war fast sechs. Was er wohl sagen würde zu all den Päckchen und den über dreitausend Francs, die sie heute ausgegeben hatte? Nun, sie war mit den Weihnachtseinkäufen fast fertig; eins der Geschenke sollte Charles seiner Familie geben – darüber konnte er sich kaum beschweren –, und die übrigen waren für Charles und für Micheles Eltern. Für sie selber war nur ein Gürtel von Hermès, dem sie nicht hatte widerstehen können.

»Der Weihnachtsmann!« sagte Charles, als Michele hereinkam. »Oder die Weihnachtsfrau?«

Sie hatte die Päckchen in der Diele auf den Boden fallen lassen. »Uhh! Ja, das war ein guter Tag! Habe eine Menge geschafft, meine ich. Aber wirklich!«

»Sieht ganz so aus.« Charles half ihr beim Aufsammeln der Schachteln und Tüten.

Michele hatte den Mantel ausgezogen und war aus den Schuhen geschlüpft. Sie warfen die Päckchen auf das große Doppelbett im Schlafzimmer, wobei Michele die ganze Zeit über redete. Sie erzählte ihm von der hübschen weißen Tischdecke für seine Eltern und von dem kleinen Jungen unten, der sie um einen Franc gebeten hatte. »Ein Franc! Wo ich heute so viel eingekauft habe! So ein goldiger kleiner Junge, ungefähr zehn Jahre alt. Und seine Kleidung sah so ärmlich aus. Genau wie in den alten Weihnachtsmärchen, dachte ich. Wo jemand, der weniger hat, um so was kleines bittet.« Michele lächelte breit und glücklich.

Charles nickte. Micheles Familie war reich. Charles Clément hatte sich heraufgearbeitet, vom Maurerlehrling mit sechzehn bis zum Leiter seiner Firma, ›Athenas Construction‹, mit achtundzwanzig. Mit dreißig hatte er Michele kennengelernt, die Tochter eines seiner Kunden, und hatte sie geheiratet. Manchmal war Charles fast schwindlig zumute bei dem Gedanken an den Erfolg sowohl bei seiner Arbeit als auch in seiner Ehe, denn er liebte Michele zärtlich; und sie war auch reizend. Aber er wußte, er konnte sich eher vorstellen, der kleine Junge zu sein, der um einen Franc bettelte (was Charles nie getan hätte), als, zum Beispiel, Micheles Bruder, der Freigebigkeit ausstrahlte in der auch ihr eigenen Weise: zugleich überlegen und liebenswürdig; er hatte diese Haltung schon früher an Michele bemerkt.

»Nur ein Franc?« sagte Charles endlich und lächelte.

Michele lachte. »Nein, ich habe ihm einen Zehn-Francs-Schein gegeben. Den hatte ich noch lose in der Tasche. Und schließlich ist ja Weihnachten.«

Charles lachte. »Der wird wiederkommen, der kleine Junge.«

Michele stand vor ihrem Kleiderschrank; die Schiebetür hatte sie geöffnet. »Was soll ich heute abend anziehen? Das hellila, das du so gern magst, oder das gelbe? Das gelbe ist neuer.«

Charles legte ihr einen Arm um die Taille. Die Reihe der Kleider, Blusen und langen Röcke sah aus wie ein greifbarer Regenbogen: goldschimmernd, samtblau, beige und grün, Satin und Seide. Das hellila Kleid konnte er unter den anderen gar nicht finden, aber er sagte: »Ja, das hellila. Das ist dir doch recht?«

»Aber ja, Lieber, natürlich.«

Sie waren bei Freunden zum Dinner eingeladen. Charles ging ins Wohnzimmer zurück und nahm seine Zeitung wieder auf, während Michele duschte und sich umzog. Charles hatte seine Hausschuhe an – die Angewohnheit eines alten Mannes, dachte er, obgleich er erst zweiunddreißig war. Jedenfalls war sie ihm seit den Teenagerjahren eigen. Damals hatte er mit seinen Eltern in der Gegend von Clichy gewohnt und war häufig mit nassen Schuhen und Socken nach Hause gekommen, weil er auf einem Bauplatz im Schlamm oder Wasser herumgestanden hatte, und da hatten die wollenen Hausschuhe gutgetan. Von den Schuhen abgesehen, war Charles in Abendkleidung: Er trug einen dunkelblauen Anzug, ein Hemd mit Manschettenknöpfen und eine Seidenkrawatte, die nur lose gebunden, aber noch nicht zum Kragen hochgezogen war. Charles zündete seine Pfeife an – Michele würde sicher noch eine Weile brauchen – und betrachtete sein schönes Wohnzimmer. Er dachte dabei an Weihnachten. Das erste Anzeichen war der dunkelgrüne Kranz von etwa dreißig Zentimeter Durchmesser, den Michele offenbar heute morgen gekauft hatte und der jetzt auf dem Eßtisch an der Obstschale lehnte. Den würde Michele auf den Klopfer an der Wohnungstür hängen, das wußte er. Die Messinggeräte am Kamin schimmerten wie immer; der Feuerhaken und die Zange wurden von Geneviève, der Haushilfe, blankgeputzt. Vier von den sechs oder sieben Ölbildern an den Wänden stellten Micheles Vorfahren dar, zwei in weißen gerüschten Spitzenkragen. Charles schenkte sich einen kleinen Glynfiddigh-Whisky ein und trank ihn pur. Der beste Whisky auf der Welt, seiner Ansicht nach. Ja, das Schicksal hatte es gut mit ihm gemeint. Luxus und Komfort, wohin er auch blickte. Er schlüpfte aus den plumpen Hausschuhen und trug sie ins Schlafzimmer, wo er mit Hilfe eines silbernen Schuhlöffels die Schuhe für den Abend anzog. Michele war im Badezimmer noch mit ihrem Make-up beschäftigt; sie summte vor sich hin.

Zwei Tage später traf Michele wieder mit dem kleinen Jungen zusammen, dem sie den Zehn-Francs-Schein gegeben hatte. Sie war schon fast an ihrer Haustür angelangt, bevor sie ihn sah, denn sie hatte sich auf den eben gekauften weißen Pudel konzentriert. Ihr Taxi hatte sie an der Straßenecke weggeschickt und führte nun den kleinen Hund an der neuen schwarz-goldenen Leine vorsichtig am Randstein entlang. Das Hündchen wußte nicht, in welche Richtung es gehen sollte, wenn Michele nicht an der Leine zog. Es drehte sich im Kreise herum, hüpfte in die falsche Richtung, bis das Halsband ihm Einhalt gebot, und blickte dann lächelnd Michele an und trottete hinter ihr her. Ein Mann blieb stehen und bewunderte das Tierchen.

»Noch keine drei Monate«, erwiderte Michele auf seine Frage.

Und da sah sie den kleinen Jungen. Er trug denselben Tweedmantel und hatte den Kragen gegen die Kälte hochgeschlagen. Sie erkannte, daß es die Anzugjacke eines Mannes war, viel zu groß für ihn; die Ärmel waren hochgeschlagen und die Knöpfe versetzt, damit sie enger um den Kinderkörper anlag.

»B'jour, Madame!« sagte der Junge. »Ist das *Ihr* Hund?«

»Ja, ich habe ihn gerade gekauft«, sagte Michele.

»Was hat er gekostet?«

Michele lachte.

Ruckartig zog der Junge etwas aus der Tasche. »Ich habe Ihnen was mitgebracht.«

Es war ein winziger Strauß Stechpalmenzweige mit roten Beeren. Michele ergriff ihn mit der freien Hand und sah, daß er aus Plastik war; die Beeren waren auf den künstlichen Stielen zurechtgebogen, der unechte Kelch zerdrückt. »Danke schön«, sagte sie amüsiert. »Und was schulde ich dir dafür?«

»Gar nichts, Madame!« In seinem Gesicht stand Stolz, und er sah ihr offen in die Augen und lächelte. Seine Nase lief.

Sie drückte auf den Türknopf des Hauses. »Möchtest du einen Augenblick mit raufkommen und mit dem Hündchen spielen?«

»O ja, danke!« sagte er freudig überrascht.

Michele ging voran über den Innenhof und in den Fahrstuhl. Sie schloß die Wohnungstür auf und machte den Hund von der Leine los. Dann gab sie dem Jungen ein Papiertaschentuch aus ihrer Handtasche, und er schneuzte sich. Der Junge und der Hund benahmen sich ganz gleich, dachte Michele; sie sahen sich um, drehten sich im Kreis, schnüffelten.

»Wie soll ich das Hündchen nennen?« fragte Michele. »Fällt dir was ein? Wie heißt du?«

»Paul, Madame«, antwortete der Junge und betrachtete weiter die Wände und das große Sofa.

»Komm! Wir gehen in die Küche. Ich werde dir eine Coca-Cola geben.«

Der Junge und der Hund folgten ihr. Michele stellte dem Hund einen Napf mit Wasser hin und nahm eine Flasche Coca-Cola aus dem Kühlschrank.

Der Junge trank seine Cola aus einem Glas, während seine Blicke durch die große, weiße Küche schweiften; seine Augen erinnerten Michele an offene Fenster oder an die Linse einer Kamera.

»Sie geben dem Hündchen *biftek hâché*, Madame?« fragte der Junge.

Michele schabte das rote Fleisch mit einem Löffel aus dem Einwickelpapier des Schlachters auf eine Untertasse.

»Ja, heute schon. Vielleicht jeden Tag ein bißchen. Später kann er dann Dosenfutter kriegen.« Die Kinderaugen fixierten das Fleisch, das sie wieder einpackte. Impulsiv fragte sie: »Möchtest du etwas? Einen Hamburger?«

»Auch ungekocht. O ja – ein kleines bißchen.« Er streckte eine Hand aus – die Nägel waren sehr schmutzig– und nahm, was ihm Michele auf einem Teelöffel entgegenhielt. Paul schob sich das Fleisch in den Mund.

Michele legte das Fleischpäckchen in den Kühlschrank und drückte die Tür fest zu. Der Hunger des Jungen machte sie irgendwie nervös. Natürlich – wenn er arm war, aß die Familie nicht oft Fleisch. Sie wollte ihn nicht danach fragen. Leichter fiel es ihr, ihm einen Augenblick später Kekse aus einer fast vollen Dose anzubieten. »Nimm dir mehrere!« Sie gab ihm die Dose.

Langsam und gelassen aß der Junge sie alle auf, während er mit Michele zusah, wie der kleine Hund die letzten Bröckchen von der Untertasse leckte. Dann nahm Paul die Untertasse hoch und trug sie an den Spülstein.

»Ist das recht, Madame?«

Michele nickte. Charles und sie hatten eine Geschirrspülmaschine und benutzten den Spülstein selten zum Abwaschen. Der Junge steckte jetzt die leere Keksdose in den gelben Abfalleimer. Der Eimer war fast voll, und der Junge fragte, ob er ihn für sie ausleeren könnte. Michele schüttelte leicht den Kopf, erstaunt, als wäre ein Weihnachtsengel zu ihr in die Wohnung gekommen. Der Junge und der kleine weiße Hund! Der Junge so hungrig, und er und das Hündchen so jung! »Hier geht's runter. Aber du brauchst das nicht zu tun.«

Der Junge wollte ihr helfen, und so zeigte sie ihm den

grauen Plastiksack am Dienstboteneingang, in den er den Abfalleimer ausleeren konnte. Dann gingen sie ins Wohnzimmer zurück und spielten mit dem Hund auf dem Teppich. Michele hatte einen blauen Gummiball gekauft, mit einer Glocke im Innern. Paul rollte den Ball behutsam dem Hund zu. Er hatte es höflich abgelehnt, seinen Mantel auszuziehen oder sich zu setzen. Michele entdeckte Löcher an den Fersen seiner beiden Socken. Die Schuhe waren in noch schlechterem Zustand und aufgerissen zwischen den Sohlen und dem Oberleder. Und die Aufschläge der Blue Jeans waren ausgefranst. Wie konnte es einem Kind in Blue Jeans bei diesem Wetter warm sein?

»Danke schön, Madame«, sagte Paul. »Ich werde jetzt gehen.«

»Arr-ruff!« sagte der kleine Hund. Er wollte, daß der Junge ihm den Ball noch einmal zurollte.

Michele war plötzlich so verlegen, als hätte sie einen Erwachsenen aus einem anderen Land und Kulturkreis vor sich. »Ich danke dir für den Besuch, Paul. Und ich wünsche dir ein frohes Fest, für den Fall, daß ich dich nicht mehr sehen sollte.«

Paul sah ebenso unsicher aus. Er verdrehte den Hals und sagte: »Frohe Weihnachten auch für Sie, Madame! Und für dich!« Das war an den kleinen Hund gerichtet. Abrupt wandte er sich der Tür zu.

»Paul – ich möchte dir gern etwas schenken«, sagte Michele und folgte ihm. »Vielleicht ein Paar Schuhe? Welche Größe hast du?«

»Ohhh!« War der Junge rot geworden? »Zweiunddreißig. Oder vielleicht dreiunddreißig. Mein Vater sagt, ich wachse.« Er hob auf komische Art den einen Fuß an.

»Was ist dein Vater?« Michele war froh, daß ihr eine praktische Frage eingefallen war.

»Austräger. Er nimmt Flaschen vom Lastwagen runter.«

Michele sah im Geist einen kräftigen Mann vor sich, der Kästen mit Mineralwasser, Wein oder Bier von einem großen Lastwagen herunterhob und leere Kisten hinaufschmiß. So was sah sie überall in Paris, jeden Tag; vielleicht hatte sie sogar Pauls Vater schon mal kurz gesehen. »Hast du noch Geschwister?«

»Einen Bruder und zwei Schwestern.«

»Und wo wohnt ihr?«

»Ooch – wir wohnen in einer Kellerwohnung.«

Michele mochte ihn nicht weiter nach der Kellerwohnung fragen, ob sie direkt im Keller oder im Souterrain lag; auch nicht, ob seine Mutter ebenfalls arbeitete. Der Gedanke an ein Geschenk für ihn machte ihr Freude. Schuhe. »Komm morgen gegen elf her! Dann habe ich ein Paar Schuhe für dich.«

Paul sah ungläubig aus und wühlte nervös mit den Händen in den Manteltaschen herum. »Ja, gut. Um elf dann.«

Der Junge wollte gern mit dem Lift allein hinunterfahren, also ließ ihn Michele.

Am nächsten Vormittag schlenderte Michele ein paar Minuten nach elf mit dem Hündchen an der Leine über den Gehweg in der Nähe ihrer Wohnung. Gestern abend hatten sie und Charles beschlossen, den Hund Ezekiel zu nennen, woraus schon jetzt die Kurzform Zeke geworden war. Plötzlich sah sie Paul und eine kleinere Gestalt neben ihm.

»Meine Schwester, Marie-Jeanne«, sagte Paul und blickte mit seinen großen, dunklen Augen erst Michele an und dann seine Schwester, deren Hand er Michele zuschob.

Michele nahm die kleine Hand, und sie begrüßten einander. Die Schwester war eine kleinere Ausgabe von Paul, nur mit längerem schwarzem Haar. *Die Schuhe!* Zwei Paar hatte Michele für Paul gekauft. Sie forderte beide Kinder auf, mit nach oben zu kommen. Es folgte wieder der Fahrstuhl, die Wohnungstür wurde erneut geöffnet, und das gleiche Staunen stand nun in den Augen der Schwester.

»Probier sie mal an, Paul! Beide Paare!« sagte Michele.

Paul setzte sich auf den Boden und gehorchte, glücklich und aufgeregt. »Sie passen beide! Beide Paare!« Aus Spaß zog er einen rechten und einen linken Schuh an, die nicht zusammengehörten.

Marie-Jeanne interessierte sich mehr für die Wohnung als für die Schuhe.

Michele holte Coca-Cola. Eine Flasche für jeden war wohl genug, dachte sie. Ihr wurde ganz warm ums Herz, als sie die Kinder ansah, aber sie wollte es nicht übertreiben und nicht irgendwie die Kontrolle verlieren. Als sie die Flaschen hereinbrachte, fing Zeke gerade an, an dem einen neuen Schuh zu nagen, und Paul lachte, während seine Schwester eilig den Schuh rettete. Etwas Coca-Cola floß über den Teppich; Michele holte einen Schwamm, und Paul rieb an dem Fleck herum und spülte dann den Schwamm aus.

Dann waren sie plötzlich beide fort, jeder mit einem Schuhkarton unter dem Arm.

An diesem Abend konnte Charles seinen Brieföffner nicht finden. Er lag immer auf seinem Schreibtisch in einem Zimmer, das vom Wohnzimmer abging und Bibliothek und zugleich Charles' Arbeitszimmer war. Er fragte Michele, ob sie ihn vielleicht an sich genommen hatte.

»Nein. Vielleicht ist er runtergefallen?«

»Da habe ich schon nachgesehen«, sagte Charles.

Aber sie suchten beide noch einmal. Er war aus Silber, sah wie ein flacher Dolch aus, und der Griff hatte die Form einer eingerollten Schlange.

»Geneviève wird ihn schon irgendwo finden«, sagte Michele, aber kaum hatte sie ausgesprochen, da verdächtigte sie Paul – ja, sogar seine Schwester. Heiße Wellen wallten durch ihren Körper, kamen einem Gefühl persönlicher Verlegenheit gleich, als wäre sie verantwortlich für den Diebstahl, der zunächst nur eine Möglichkeit und noch keine Tatsache war. Etwas wie Schuld stieg in ihr auf, als sie einen Blick auf das leicht bekümmerte Gesicht ihres Mannes warf. Er öffnete einen Brief mit dem Daumennagel.

»Und was hast du heute getrieben, Darling?« fragte Charles, nun wieder lächelnd, und legte den Brief in einen Aktendeckel.

Michele erzählte, sie hätte mit der Telefongesellschaft über ihre letzte Rechnung gestritten und gewonnen; das war im Auftrag Charles' geschehen, der die Belastung für ein Ferngespräch angezweifelt hatte. Dann hatte sie beim Friseur hereingeschaut, etwa eine Stunde, und dreimal Zeke ausgeführt. Sie meinte, das Hündchen lernte recht schnell. Von den zwei Paar Schuhen für den Jungen namens Paul erzählte sie Charles nichts, auch nichts von seinem und seiner Schwester Besuch in der Wohnung.

»Und den Kranz habe ich an die Tür gehängt«, sagte Michele. »Keine große Arbeit, das weiß ich, aber hast du's bemerkt?«

»Natürlich. Wie hätte ich das übersehen können?« Er umarmte sie und küßte sie auf eine Wange. »Wirklich hübsch, der Kranz, Darling.«

Das war am Sonnabend. Am Sonntag arbeitete Charles ein paar Stunden allein in seinem Büro, wie er es oft tat. Michele kaufte einen kleinen Weihnachtsbaum mit einem x-förmigen Fuß und verbrachte einen Teil des Nachmittags mit dem Schmücken. Sie hatte ihn schließlich auf den Eßtisch und nicht auf den Fußboden gestellt, denn der kleine Hund ließ sich nicht davon abbringen, mit dem Tannenbaumschmuck zu spielen. Michele freute sich nicht gerade auf den Pflichtbesuch bei Charles' Eltern am Montag, dem Heiligen Abend, um fünf Uhr. Die Eltern hatten niemals einen Baum; und sogar Charles hielt Weihnachtsbäume für eine dumme, aus England importierte Sitte. Die Eltern wohnten in einem großen alten Mietshaus, ohne Lift, im achtzehnten Arrondissement. Erst wurden die Geschenke ausgetauscht und dann wurde heißer Rotwein getrunken, von dem Michele immer etwas übel wurde. Der Rest des Abends verlief dann fröhlicher bei ihren Eltern in Neuilly. Gegen Mitternacht gab es dort ein kaltes Buffet mit Sekt, und im Farbfernseher würden sie sehen, wie es überall in der Welt Weihnachten wurde. Das alles erzählte sie Zeke.

»Dein erstes Weihnachten, Zeke! Und du kriegst – ein *Puten*bein!«

Der kleine Hund schien sie zu verstehen; er schoß mit heraushängender Zunge und schalkhaft dreinblickenden schwarzen Augen im Zimmer umher. Und Paul und Marie-Jeanne? Ob sie jetzt lachten? Paul vielleicht, mit seinen zwei Paar Schuhen. Vielleicht hatte sie vor dem Weihnachtsabend noch so viel Zeit, daß sie eine Bluse für Marie-Jeanne und einen Kuchen für die anderen beiden Geschwister kaufen konnte. Montag ging das; vielleicht sah sie Paul noch mal und konnte ihm die Geschenke geben. Weihnachten – das hieß doch schenken, teilen, in Verbindung treten mit Freunden, Nachbarn und sogar mit Fremden. Mit Paul hatte sie schon angefangen.

»Auuwaoo-waoo«, sagte der kleine Hund und kauerte sich nieder.

»Ja – eine Sekunde, Zeke, Liebster!« Michele lief und holte die Leine. Dann warf sie sich eine Pelzjacke um und ging mit Zeke nach draußen. Zeke strebte sofort auf den Rinnstein zu und wurde von Michele gelobt. Das Feinkostgeschäft gegenüber war geöffnet, und Michele kaufte eine Dose Pralinen – das heißt, es war eine prachtvolle Zinndose, die mehr als hundert Francs kostete –, nur weil ihr die rote Schleife auf dem Deckel ins Auge gefallen war.

»Madame – bonjour!«

Wieder mal blickte Michele in Pauls Gesicht, das zu ihr aufsah. Seine Nase war hellrot vor Kälte.

»Frohe Weihnachten noch einmal, Madame!« sagte Paul. lächelte und stampfte mit den Füßen auf. Er trug die neuen braunen Schuhe. Die Hände hatte er in die Taschen gesteckt.

»Möchtest du eine heiße Schokolade?« fragte Michele. Eine Imbißstube war nur wenige Schritte entfernt.

»Nein, danke schön.« Paul wandte schüchtern den Kopf ab.

»Oder eine Suppe?« fragte Michele eifrig. »Komm doch mit nach oben!«

»Ich habe meine Schwester bei mir.« Paul wandte sich

schnell um, steif vor Kälte, und im gleichen Augenblick kam Marie-Jeanne aus der Imbißstube gelaufen.

»Ah, bonjour, Madame!« Marie-Jeanne lachte. Sie trug eine blaue Strohtasche, die leer aussah, aber sie machte sie auf und zeigte den Inhalt ihrem Bruder. »Zwei Päckchen. Ist doch richtig? Zigaretten für meinen Vater«, sagte sie zu Michele.

»Wollt ihr ein paar Minuten mit mir raufkommen und meinen Weihnachtsbaum ansehen?« Die Flamme der Hilfsbereitschaft loderte immer noch stark in Michele. Warum sollte sie diesen beiden nicht ein Schüsselchen heiße Suppe und ein paar Süßigkeiten geben?

Sie kamen mit. In der Wohnung stellte Michele das Radio auf London ein, das Weihnachtslieder sendete. Genau das Richtige! Marie-Jeanne hockte sich vor den Weihnachtsbaum und schwatzte mit ihrem Bruder über die vielen hübschen Päckchen, die darunterlagen, den Baumschmuck und die kleinen Geschenke, die in den Zweigen hingen. Michele wärmte inzwischen eine Dose Erbsensuppe, der sie die gleiche Menge an Milch hinzugefügt hatte. Schön nahrhaft. Die englischen Chorknaben sangen ein französisches Weihnachtslied, in das sie alle mit einstimmten.

Il est né le divin enfant ...
Chantez hautbois, résonnez musettes ...

Dann waren sie wieder, wie neulich, ganz plötzlich fort. Ihr Lachen und Schwatzen ... Zeke bellte, als wolle er sie zurückrufen, und Michele saß da und mußte die leeren Suppenschüsseln und das zerknüllte Schokoladenpapier wegräumen. Spontan hatte sie den beiden den schönen Pralinenkasten für zu Hause geschenkt. In ein paar Minuten mußte Charles kommen. Michele hatte die Küche aufgeräumt und ging gerade ins Wohnzimmer, als sie das Klicken der Fahrstuhltür und Charles' Schritt auf dem Treppenhausflur hörte und im gleichen Moment auf dem Kaminsims eine Lücke wahrnahm. Die Uhr! Charles' Ormulu-Uhr! Sie konnte nicht weg sein! Aber sie *war* weg.

Ein Schlüssel wurde im Schloß umgedreht, die Tür ging auf.

Michele ergriff einen Karton – gelb verpackt, Hausschuhe für Charles – und stellte ihn auf den Platz, wo die Uhr gestanden hatte.

»Hallo, Darling!« sagte Charles und gab ihr einen Kuß.

Charles wollte eine Tasse Tee trinken. Die Temperatur war gesunken, und er hatte sich fast erkältet, als er eben auf ein Taxi warten mußte. Michele machte Tee für sie beide und versuchte, sich so zu setzen, daß Charles gezwungen war, in einem Sessel Platz zu nehmen, der mit dem Rücken zum Kamin stand, aber das klappte nicht; Charles setzte sich in einen anderen Sessel als den, den sie bestimmt hatte.

»Was bedeutet denn das Geschenk da oben?« fragte Charles. Er meinte das gelbe Paket. Charles hatte Sinn für Ordnung. Immer noch gut gelaunt, ließ er lächelnd seine erste Tasse Tee stehen und trat an den Kaminsims. Er nahm das Paket, wandte sich zum Weihnachtsbaum um und blickte dann zurück zum Kaminsims. »Und wo ist die Uhr? Hast du sie weggenommen?«

Michele preßte die Zähne zusammen. Allzu gern hätte sie gelogen und gesagt: ja, sie hätte sie in einen Schrank gestellt um Platz für die Weihnachtsdekoration auf dem

Kaminsims zu haben. Aber wäre das einleuchtend? »Nein, ich ...«

»Ist was los mit der Uhr?« Charles' Gesicht war ernst geworden, als erkundige er sich nach dem Gesundheitszustand eines geliebten Angehörigen.

»Ich weiß nicht, wo sie ist«, sagte Michele.

Charles senkte die Brauen. Sein Körper straffte sich. Er warf das leichte Paket auf den Tisch mit dem Weihnachtsbaum. »Hast du den Jungen noch mal getroffen? Hast du ihn hier raufkommen lassen?«

»Ja, Charles. Ja – ich weiß ...«

»Und war er vielleicht heute schon das zweite Mal hier?«

Michele nickte. »Ja.«

»Herrgott noch mal, Michele! Dahin ist also auch mein Brieföffner verschwunden, stimmt's? Aber die Uhr! Himmel noch mal, die ist doch noch um einiges wichtiger! Wo wohnt dieser Junge?«

»Das weiß ich nicht.«

Charles machte einen Schritt auf das Telefon zu und blieb dann stehen. »Wann war er hier? Heute nachmittag?«

»Ja, es ist noch keine Stunde her. Charles, es tut mir wirklich ganz schrecklich leid!«

»Er kann nicht weit von hier wohnen. Wie konnte er das tun – mit dir hier im Zimmer?«

»Seine Schwester war auch mit hier.« Michele hatte ihr gezeigt, wo das Badezimmer war. Natürlich hatte Paul die Uhr in dieser Zeit genommen und sie in den blauen Einkaufsbeutel gesteckt.

Charles verstand und nickte zornig. »Nun, das versetzen sie jetzt und dann können sie schön Weihnachten feiern. Von den beiden sehen wir in den nächsten Tagen keinen hier wieder – falls überhaupt je. Wie konntest du solche Strolche ins *Haus* bringen?«

Michele zögerte. Charles' Zorn hatte sie erschreckt. Es war ein Zorn, der gegen sie gerichtet war. »Sie froren und sie waren hungrig – und arm.« Sie sah ihrem Mann in die Augen.

»Das war mein Vater auch, als er die Uhr erstand«, sagte Charles langsam.

Das wußte Michele. Die Ormulu-Uhr war Stolz und Freude der Familie Clément, seit Charles etwa zwölf gewesen war. Die Uhr war das einzige hübsche Stück in ihrem Arbeiterhaushalt. Sie war Michele gleich beim erstenmal aufgefallen, als sie die Cléments besuchte, denn der Rest der Einrichtung war schrecklicher *style rustique*, billiger Lack und Resopal. Und Charles' Vater hatte ihnen die Uhr zur Hochzeit geschenkt.

»Dreckschwein«, murmelte Charles. Er zog an seiner Zigarette und blickte auf die Lücke auf dem Kaminsims. »Du kennst solche Leute wahrscheinlich nicht, meine liebe Michele, aber ich kenne sie. Ich bin mit ihnen aufgewachsen.«

»Dann könntest du wirklich mehr Mitgefühl haben! Charles, wenn wir die Uhr nicht zurückkriegen, kaufe ich uns eine neue, so ähnlich wie irgend möglich. Ich weiß genau, wie sie aussah.«

Charles schüttelte den Kopf, schloß fest die Augen und wandte sich ab.

Michele ging hinaus und nahm das Teegeschirr mit. Es war das erstemal, daß sie Charles den Tränen nahe gesehen hatte.

Charles wollte nicht mitgehen zu der Dinnerparty, zu der

sie abends eingeladen waren. Er meinte, Michele sollte allein gehen und für ihn eine Ausrede finden. Zuerst sagte Michele, sie würde auch zu Hause bleiben, dann änderte sie ihren Entschluß und zog sich um.

»Ich weiß nicht, was du dagegen hast, daß ich eine neue Uhr kaufe«, sagte Michele. »Ich kann nicht einsehen ...«

»Wahrscheinlich wirst du es wohl niemals einsehen«, sagte Charles.

Michele kannte Bernard und Yvonne Petit schon lange. Sie war schon mit beiden befreundet gewesen, bevor sie Charles heiratete. Michele hätte Yvonne die Geschichte von der Uhr sehr gern erzählt, aber so was konnte man nicht erzählen, wenn man um acht beim Essen saß; und als dann der Kaffee serviert wurde, war sie zu der Ansicht gekommen, es wäre das beste, gar nichts zu erzählen: Charles hatte sich ernsthaft aufgeregt, und schuld daran war sie. Doch beim Abschied fragte Yvonne sie, ob sie etwas auf dem Herzen hätte, was Michele erleichtert zugab. Sie ging mit Yvonne in die Bibliothek, die sehr ähnlich war wie die in ihrer eigenen Wohnung, und erzählte die Geschichte mit wenigen Worten.

»Du, wir haben genau die Uhr *hier*, die du brauchst!« sagte Yvonne. »Bernard hat sie gar nicht mal gern. Das klingt schrecklich, wenn man es so sagt, nicht wahr? Aber liebste Michele, die Uhr steht hier. Schau!« Yvonne schob ein paar Einladungskarten zur Seite, so daß man die Uhr mit dem flachen Sockel deutlich auf dem Kaminsims stehen sah; sie hatte schwarze Zeiger, und das runde Zifferblatt war gekrönt mit einer Tiara aus vergoldeten Zierknäufen und Schnörkeln.

Tatsächlich war die Uhr der gestohlenen sehr ähnlich.

Während Michele noch zögerte, holte Yvonne schon Zeitungspapier und einen Plastikbeutel aus der Küche und verpackte die Uhr fest. Sie drückte sie Michele in die Hand und sagte: »Ein Weihnachtsgeschenk.«

»Aber hier geht es um das Prinzip. Ich kenne Charles, und du auch, Yvonne. Wenn die gestohlene Uhr aus meiner Familie stammte, auch wenn ich sie mein Leben lang gekannt hätte, für mich wäre das nicht so wichtig.«

»Ich weiß, ich weiß.«

»Tatsache ist, daß die Kinder arm waren – und daß Weihnachten ist. Ich habe sie mit raufgenommen, zuerst Paul allein. Einfach mit anzusehen, wie ihre Augen aufleuchteten, das war schon ganz wunderbar für mich. Sie waren so dankbar für ein Schüsselchen Suppe. Paul hat mir erzählt, sie wohnen irgendwo im Keller.«

Yvonne hörte zu, obgleich Michele ihr alles schon zum zweitenmal erzählte. »Stell die Uhr einfach auf den Kaminsims, wo die andere gestanden hat – und hoffe das Beste!« Yvonne sprach mit zuversichtlichem Lächeln.

Als Michele mit dem Taxi zu Hause ankam, war Charles im Bett und las. Michele packte die Uhr in der Küche aus und stellte sie auf den Kaminsims. Erstaunlich, wie sehr sie der anderen glich! Hinter seiner Zeitung verborgen erklärte Charles, er hätte Zeke vor einer halben Stunde nach draußen geführt. Weiter sagte er nichts, und Michele versuchte nicht, mit ihm zu reden.

Am nächsten Morgen – Heiligabend – erblickte Charles die neue Uhr auf dem Kaminsims, als er aus der Küche – wo er und Michele gerade gefrühstückt hatten – ins Wohnzimmer kam. Empörung stand in seinen Augen, als er sich zu Michele umwandte. »Also, Michele – das reicht.«

»Yvonne hat sie mir geschenkt. *Uns* geschenkt. Ich dachte – nur für Weihnachten ...« Was hatte sie denn gedacht? Wie hatte sie den Satz beenden wollen?

»Du verstehst *überhaupt* nichts«, sagte er bestimmt. »Ich habe gestern abend eine Beschreibung der Uhr an die Polizei gegeben. Ich bin aufs Polizeirevier gegangen, und ich habe vor, die Uhr zurückzubekommen! Ich habe sie auch über den Jungen informiert, der ›ungefähr zehn‹ ist, und über seine Schwester, die beide irgendwo hier in der Gegend in einem Keller wohnen.«

Charles sprach, als hätte er einem furchtbaren Feind den Krieg erklärt. Michele kam das absurd vor. Als Charles dann im Ton kaum unterdrückter Wut weiterredete von Unehrlichkeit, von milden Gaben an Verantwortungslose, an Leute, die sie nicht verdient hatten und sich auch gar nicht bemühten, sie zu verdienen, von Rowdies und ihrer Verachtung für das Privateigentum, da begann Michele zu verstehen. Für Charles war es, als hätte man seine Festung gestürmt und als wäre der Feind von seiner eigenen Frau hereingelassen worden – und als stünde sie auf der anderen Seite. Bist du vielleicht Kommunist, hätte Charles fragen können, aber das tat er nicht. Michele betrachtete sich nicht als Kommunistin und hatte es auch niemals getan.

»Ich finde einfach, die Reichen müßten teilen«, unterbrach sie ihn.

»Seit wann sind wir denn reich – wirklich reich, meine ich?« erwiderte Charles. »Ja, ich weiß. Deine Familie ist reich, und du bist daran gewöhnt. Du hast die Einstellung geerbt. Es ist nicht deine Schuld.«

Warum um Himmels willen sollte es ihre Schuld sein? fragte sich Michele. Sie begann sich jetzt sicherer zu fühlen.

Oft genug hatte sie in Büchern und Zeitungen gelesen, man müßte die Reichtümer in diesem Jahrhundert aufteilen, sonst würde es schlimm enden. »Ja – und was die Kinder betrifft, so würde ich dasselbe noch mal tun«, sagte sie.

Charles' Wangen bebten vor Erbitterung. »Sie haben uns beleidigt! Das war Diebstahl!«

Micheles Gesicht begann zu glühen. Sie verließ das Zimmer, jetzt ebenso erzürnt wie Charles. Aber sie spürte, sie hatte einen Pluspunkt. Mehr als das, sie war im Recht. Sie müßte es nun in Worte fassen, sich ihre Argumente zurechtlegen. Ihr Herz schlug schnell. Sie blickte auf die offene Schlafzimmertür und erwartete Charles zu sehen, erwartete seine Stimme, die sie bat, zurückzukommen. Alles blieb still.

Charles ging eine halbe Stunde später in sein Büro und erklärte, er werde wahrscheinlich nicht vor halb vier zurück sein. Zwischen vier und fünf sollten sie zu seinen Eltern gehen. Michele rief Yvonne an, und im Laufe der Unterhaltung wurden ihre Gedankengänge klarer, und der langsame Tränenstrom versiegte.

»Ich finde Charles' Haltung falsch«, sagte Michele.

»Aber das darfst du einem Mann nicht sagen, liebe Michele. Sei nur vorsichtig!«

Nachmittags um vier begann Michele ein taktvolles Gespräch mit Charles. Sie fragte ihn, ob ihm die Verpackung des Geschenks für seine Mutter gefiele. Das Päckchen enthielt die weiße Tischdecke, die sie Charles schon gezeigt hatte.

»Ich gehe nicht mit. Ich kann nicht.« Und über Micheles Protest hinweg: »Glaubst du denn, ich kann meinen Eltern gegenübertreten und zugeben, daß die Uhr gestohlen ist?«

Warum mußte er die Uhr denn erwähnen? Es sei denn, er hatte vor, das Weihnachtsfest zu verderben, dachte Michele. Aber sie wußte, es hatte keinen Zweck, ihn zum Mitkommen zu überreden, und gab es daher auf. »Dann gehe ich – und nehme die Geschenke mit.« So geschah es. Sie ging und überließ Charles seinem Groll und dem Warten auf einen möglichen Anruf von der Polizei, wie er gesagt hatte.

Michele war gegangen, beladen mit den Geschenken für Charles' Eltern und auch mit denen für ihre eigenen Eltern. Charles hatte gesagt, er werde etwa um acht in der Wohnung ihrer Eltern in Neuilly erscheinen. Aber er kam nicht. Micheles Eltern rieten ihr, Charles anzurufen; vielleicht war er eingeschlafen, oder er hatte gearbeitet und die Zeit darüber vergessen. Aber Michele rief ihn nicht an. Bei ihren Eltern war alles so schön und fröhlich – ihr Baum, die Sektbehälter, ihre schönen Geschenke, darunter ein Reiseschirm im Lederetui. Charles und die Uhrgeschichte zeichneten sich wie ein drohender, garstiger, schwarzer Schatten im goldenen Glanz des Wohnzimmers ihrer Eltern ab. Michele kam noch einmal mit der ganzen Geschichte heraus.

Ihr Vater lachte. »Ja, ich glaube, ich erinnere mich an die Uhr. Nichts weiter Fabelhaftes. War schließlich nicht von Cellini.«

»Aber der Gefühlswert, Edouard«, sagte Micheles Mutter. »Schade, daß es gerade zu Weihnachten passieren mußte. Und es war leichtsinnig von dir, Michele. Aber – ja, da gebe ich dir recht, es waren einfach kleine Straßengören, und die Versuchung war groß.«

Michele fühlte sich noch weiter gestärkt.

»Nicht das Ende der Welt«, murmelte Edouard und füllte die Gläser von neuem mit Sekt.

Am nächsten Tag, dem ersten Weihnachtstag, und auch am Tag darauf dachte Michele an die Worte ihres Vaters. Es war nicht das Ende der Welt, aber das Ende von etwas. Die Polizei hatte die Uhr nicht gefunden, doch Charles war der Ansicht, man würde sie finden. Er hatte, wie er Michele versicherte, recht energisch mit ihnen gesprochen und ihnen eine farbige Zeichnung der Uhr, die er selbst mit vierzehn angefertigt hatte, vorgelegt.

»Natürlich werden die Diebe sie nicht sofort versetzen«, sagte Charles zu Michele, »aber in die Seine schmeißen sie sie auch nicht. Über kurz oder lang werden sie versuchen, sie zu Geld zu machen, und dann nageln wir sie fest.«

»Offen gestanden, ich finde deine Haltung unchristlich und grausam«, sagte Michele.

»Und ich finde deine Haltung – dumm.«

Es war nicht das Ende der Welt, aber es war das Ende ihrer Ehe. Keine späteren Worte, keine Umarmung – falls es je wieder dazu kam – konnten bei Michele diese Bemerkung ihres Mannes wiedergutmachen. Und ebenso stark spürte sie in Charles' Herzen und in seinen Gedanken eine tiefe Abneigung, eine echte Aversion gegenüber seiner Frau. Und sie bei ihm? War das nicht ein ganz ähnliches Gefühl? Charles hatte etwas verloren, das Michele als »human« bezeichnete – wenn er es je besessen hatte. Mit seinem ärmeren, weniger privilegierten Hintergrund hätte Charles mehr Mitgefühl als sie aufbringen müssen, dachte Michele. Was war unrecht, und was war recht? Sie war verwirrt, wie es zuweilen geschah, wenn sie versuchte, die Verse von Weihnachtsliedern oder von Gedichten zu ergründen, die man auf verschiedene Weisen auslegen konnte; doch das Herz oder das Gefühl suchte und fand wohl immer seinen eigenen Weg, wie das ihre es getan hatte. Und war das nicht richtig? War es nicht richtig, Verzeihung zu üben, besonders zu dieser Zeit im Jahr?

Ihre Freunde und Eltern rieten zur Geduld. Sie sollten sich eine Woche oder so trennen. Weihnachten machte die Menschen immer nervös. Michele könnte zu Yvonne und Bernard kommen und eine Weile dort bleiben, was sie auch tat. Dann konnten sie und Charles noch einmal miteinander reden, was sie auch taten. Doch es änderte sich nichts – gar nichts.

Vier Monate später waren Michele und Charles geschieden. Und die Uhr hat die Polizei nie gefunden.

Bärbel Reetz
Advent

Mitte November hatte sie mit den Vorbereitungen begonnen: Merkzettel, Einkäufe von Mehl, Zucker, Sirup und Honig für die braunen Kuchen. Sie raschelte mit Stanniolpapier und hängte nach Totensonntag die Tannenzweige mit den roten Bändern und Schleifen an kleine Nägel, die sie überall im Haus einschlug. Aus den Frauenzeitschriften hatte sie neue Rezepte ausgeschnitten: Gänsebraten mit Maronen-Rosmarinfüllung, raffinierte Scampisülzchen und Forellenterrinen, Ingwerparfait, Mangosorbet, und die zartschmelzenden Trüffelpralinees lockten gold-/silbergeschmückt, üppig-glänzend vom Papier.

Seit die Kinder erwachsen geworden waren, schleppte sich das Jahr mühsamer: kein Sternsingen mit den Heiligen Drei Königen, deren Umhänge und Goldkronen jeweils neu gerichtet werden mußten, keine Fastnachtskrapfen. Wenn sie die Seiten mit den bunten Faschingskostümen, den Rezepten für Piratenwürstchen, Hexensalat und Mohrenkopfclownsgesichtern durchblätterte, mußte sie weinen. Erst die Ostertage mit blühenden Forsythien, Buchsbaumkränzen, mit Eierkörbchen, Hefeschnecken und süßem Rührteiglamm zum Frühstück ließen sie aufleben.

Dann weckte sie Heinrich und die Kinder in der Morgendämmerung, und sie wanderten schweigend über die Wiesen in den Wald, das Osterwasser zu holen, so wie sie es schon mit ihren Eltern gemacht hatte. In diesem Jahr hatten die Kinder es verweigert. Zum ersten Mal. Wir gehen aus, hatten sie am Ostersamstagabend gesagt und die Osternacht in der Disco zugebracht. Sie hatte wach gelegen, vergeblich auf das Klappen der Haustür, das Knarren der Treppe gelauscht. Sie war zum Fenster geschlichen, wieder und wieder mit eisigen Füßen, bis sich im Osten zögernd ein heller Streifen zeigte. Leg dich endlich hin und schlaf, hatte Heinrich unwillig gemurmelt. Sie war in kurze wirre Träume gefallen und schon gegen sieben wieder erwacht. Draußen: ein trüber Morgen. Vorsichtig öffnete sie die Türen der Kinderzimmer. Der Sohn schlief auf dem Rücken, lang ausgestreckt wie auf einer Bahre. Die Tochter zusammengerollt, den Kopf unter der Decke, die hellen Spitzen ihres kurzen Haares über dem bunten Bettbezug wie die Stacheln eines Igels.

Der Ostermorgen wurde zur Katastrophe: Heinrich knurrte, weil er nur Knäckebrot in der Küche bekam, während auf dem Tisch im Eßzimmer das Rührteiglamm in seinem Buchsbaumbett prangte und die ausgepusteten, bunt-bemalten Eier am Haselzweig baumelten. Sie hatte Kopfschmerzen, die erst nachließen, als die Kinder gegen Mittag ihre Eierkörbchen suchten, die kleinen liebevoll verpackten Geschenke, und sie umarmten.

Heiligabend würde niemand im Bett liegen. Keine Disco, keine schlaflose Nacht, kein mürrischer Heinrich. Es würde sein wie früher, es würde sein, wie es immer gewesen war. Eine glückliche Familie, sagten die Nachbarn.

Zum 1. Advent hingen die mit kleinen Stoffsäckchen benähten Adventskalender an der Wand: einer für die Tochter, einer für Heinrich, der im Sommer 50 geworden war. Margret hatte ein kaltes Buffet für dreißig Gäste gerichtet, vom Rehrücken bis zu den Desserts alles selber gemacht, auch die Blumengestecke und die hübsch gezeichneten Tischkarten. Der Adventskalender für den studierenden Sohn wurde im Päckchen nach Tübingen geschickt.

Sie backte Stutenkerle mit Rosinenaugen und einem Mandelmund, Lebkuchenweihnachtsmänner mit weißen Zuckergußmützen und rosaroten Couverturemänteln, packte sie in Cellophan und band sie mit roten Schleifen an die Tannenzweige. Überall Kerzen, der große Adventskranz selbst gebunden. Sie flocht Türkränze aus Ähren, aus Immergrün mit Hagebutten und anderen herbstlichen Beeren. Zum Nikolaustag kleine Überraschungen in den Schuhen. Heinrich hätte morgens fast sein Honigkuchenpferd zertreten. Sie abgetaucht in buntem Weihnachtspapier, Goldband, Mistelzweige und dem Weihnachtsoratorium 1-3. Immer mit geröteten Wangen: Wollen wir Gans mit Rotkraut und Klößen, Heinrich, oder doch lieber Ente? Ich könnte sie mit Orangen-Honigsoße glasieren, dann wird die Haut noch krosser. Und vielleicht statt des Karpfens mal einen in Dill-Kerbelsoße gratinierten Lachs zum Heiligabend?

Wenn Heinrich nach Hause kam, aß er die ofenwarmen Butterplätzchen, noch bevor sie diese mit bunten Zuckerstreuseln verziert hatte. Sie band kleine Kränze aus Tanne und Stechpalme und hängte sie in die Fenster, schrieb Weihnachtskarten: Wie immer werden wir mit den Kindern zusammensein und mit guten Wünschen an Euch denken ...

Lange Einkaufslisten vor dem Fest. Einen Friseurtermin brauchte Margret nicht. Sie trug ihre Haare aufgesteckt wie als junges Mädchen, als sie Heinrich kennengelernt hatte. Wenn sie einen Raum betrat, hielten ihr die Männer die Tür auf und rückten den Stuhl zurecht.

Wenige Tage vor dem Fest backte sie Früchtebrot und die

herb-süßen Ingwerkuchen für Heinrich, besorgte dunkle Schokolade und frische Landeier für die Mousse, die der Sohn so gerne aß. Kühl- und Gefrierschrank waren gefüllt. Die Einkaufslisten abgehakt.

23. Dezember ... Heinrich war ins Büro gefahren. Ein Arbeitstag wie jeder andere, hatte er beim Frühstück gesagt. Bald würde die Tochter heimkommen. Sie hatte Wochenenddienst im Krankenhaus. Margret hatte ihr ein gekochtes Ei unter das bunte Stoffhütchen gesetzt und ein kleines Marzipanbrot neben das Frühstücksgedeck gelegt.

Gerade war sie dabei, den Platz für den Weihnachtsbaum herzurichten, als der Postbote klingelte und das Paket abgab. Sie erkannte die Schrift sofort, riß ungeduldig am Bindfaden, zog das Packpapier auseinander: zwei Päckchen in Geschenkpapier. Papa, Mama, Frohe Weihnachten. Ein Umschlag für sie. Die steile Schrift zerfloß vor ihren weitsichtigen Augen: Liebe Mama ... zum Skilaufen fahren ... mit der Studentengruppe ... kommt auch mit ... Papa ist einverstanden. Er holt sie vom Krankenhaus ab und bringt sie zum Zug. ... Sei nicht traurig, aber unsere Kindheit ist vorbei. Das mußt auch Du einsehen ... Die Schrift tanzte, und Margret hielt den Bogen weit von sich, als könne sie mit der besseren Lesbarkeit auch den Inhalt des Briefes verändern: ... werden in Österreich nach den hölzernen Backmodeln suchen, die Du im letzten Urlaub so gerne haben wolltest ... wünsche Euch ein frohes Fest.

Sie stand betäubt, als habe sie jemand geschlagen. Stand unbeweglich, die Hand mit dem Brief noch immer in Augenhöhe. Draußen ratterte das Müllauto, klappten die Tonnendeckel. Ab morgen würden sie sich wieder füllen mit Weihnachtspapier, bunten Bändern, Geflügelknochen, Nußschalen und Weinflaschen. Spätestens zu Neujahr aber wären die Festmenüs entsorgt, die feuchtklebrigen Eisschachteln, die Rotkohlstrünke, Apfelsinenschalen, blau schuppigen Karpfenhäute und Gräten, die Kerzenstümpfe.

Als das Telefon klingelte, ging sie langsam und steifbeinig ins Wohnzimmer. Sagte nur ja, so daß Heinrichs Sekretärin nachfragen mußte, mit wem sie spreche. Sie stand, als habe sie ihren Namen vergessen. Dann Heinrichs Stimme: Ich habe sie zum Bahnhof gebracht. Die Kinder haben nicht gewagt, mit dir zu sprechen. Ich übrigens auch nicht. Nimm es nicht zu schwer, sagte er, und warte nicht mit dem Essen auf mich. Wir haben noch eine kleine Weihnachtsfeier im Büro. Und als sie schwieg, mahnte er, vernünftig zu sein. Die Kinder wollen ihr eigenes Leben. Ja, sagte sie und ließ den Hörer hängen. Mechanisch stopfte sie Zimtsterne und Schokoladenprinten in den Mund, die in der Glasschale neben dem Telefon lagen. Sie kaute und schluckte, stopfte, kaute und schluckte, starrte auf den hin und her baumelnden Hörer. Warf die leere Schale zu Boden, wo sie klirrend zersprang.

Er hat sie zum Bahnhof gebracht, sagte sie und war erstaunt über ihre fremde Stimme. Sie setzte sich in Bewegung, wiederholte den Satz, ging vom Wohnzimmer in die Diele, die Treppe hinauf. An einer Zimmertür baumelte der leere Strumpf, den sie zum Nikolaustag in jenem Jahr gestrickt hatte, in dem die Tochter in den Kindergarten gekommen war. Ein großer Socken aus dicker Wolle mit eingesticktem Nikolaus im roten Mantel auf der einen und dem Namen auf der anderen Seite. Sie öffnete die Tür. Aufgeräumt. Nichts lag herum. Keine schmutzigen T-Shirts, Strumpfhosen, Jeans. Das Bett war gemacht, die Tagesdecke so säuberlich darübergebreitet, als solle es nie wieder benutzt werden. Margret setzte sich vorsichtig auf die Kante, so als gelte es, eine Schläferin nicht zu wecken.

Nach dem Abitur hatte die Tochter gesagt: Du mußt nicht immer in meinem Zimmer aufräumen. Ich fühl mich wohler, wenn's unordentlich ist. Auch Heinrich hatte gemeint, daß sie sich nicht mehr darum kümmern solle. Jeder nach seiner Façon. Der Tochter Façon war das kleine Chaos aus zerknüllten Kissen und Decken, herumliegenden Haarbändern, bunten Tüchern, Spangen, Lippenstiften, CDs und Zeitschriften, die sich am Boden vor dem Bett stapelten. Manchmal öffnete sie die Tür, und dann schwindelte ihr, als blicke sie in einen Abgrund.

Er hat sie zum Bahnhof gebracht, leierte sie noch immer, schneller und schneller, bis sich die Wörter überschlugen und mit der Wiederholung ihre Stimme schrill und zugleich brüchig wurde und endlich in einem Schluchzen steckenblieb.

Und weil alles vorbereitet war zum Fest, gab es nun nichts mehr zu tun. Die Geschenke türmten sich auf dem Bett im Gästezimmer, der Wein wartete in den Kellerregalen. In den Blechdosen lagen sauber eingeschichtet Kekse und selbstgeformtes Marzipan, Herzen mit zuckrigem Inhalt und einer rotkandierten Kirsche drauf. Die Weihnachtskiste stand geöffnet neben der Terrassentür, dort, wo sie gerade den Platz für den Baum hergerichtet hatte, den Heinrich abends reinholen und mit ihr schmücken sollte. Kein Lametta, Heinrich, das nimmt man nicht mehr. Viel Rot in diesem Jahr. Rote Kerzen, rote Kugeln, rote Schleifen aus glänzendem Stoff. Ist das nicht schön zum Grün? Für die Kinder die kleinen Holzfigürchen: Christkind, Engelchen, blaue und rote Reiter auf weißen Rössern. Die Strohsterne hatten sie selbst gebastelt.

Sie wimmerte, stöhnte, preßte die Hände gegen die Schläfen, gegen den Magen und erbrach schleimige Printenstückchen und die Zimtsterne, erbrach Frühstückskaffee und Marmeladenbrötchen. Würgte und spie, bis ihr Magen leer war und sie sich erschöpft auf das Bett zurückfallen ließ. Zähneklappern, als sie wieder zu sich kam. Sie richtete sich auf, starrte mit tränenden Augen auf das Erbrochene, das an den Rändern den Teppichboden zu durchfeuchten begann und dessen saurer Geruch das Zimmer füllte. Wischte mit dem Handrücken über den Mund, stand auf und verließ den Raum, ohne einen Blick zurückzuwerfen.

Händewaschen, Mund ausspülen. Das Spiegelgesicht mit verquollenen Augen. Rote Flecken auf den Wangen. Wie faltig sie ist. Wie grau das Haar, das sich aus dem Nackenknoten gelöst hat. Dein schönes Haar; Heinrichs Hand öffnete das Band, öffnete die Flechten. Sie zog Kämme und Klemmen heraus. Nichts fiel mehr leicht. Die Haare standen sperrig nach hinten vom Kopfe ab. Sie bürstete, kämmte. So hatte sie der Mutter das schüttere Haar gekämmt. Paß doch auf, du tust mir weh! Nie zufrieden. Hatte nach ihrer Hand geschlagen wie ein unartiges Kind. Krem mir mein Gesicht! Stell das Bett hoch! Massier mir die Beine! Ich habe Durst! Sie öffnete das Fenster, schloß es, weil es zog, ließ die Jalousien herunter, weil die Sonne schien, und zog sie herauf, weil Dunkelheit die Alte in Panik versetzte. Erleichterung, als sie im Sarg lag. Erleichterung und ein schlechtes Gewissen.

Sie ging so nah mit ihrem Gesicht an den Spiegel, daß das Glas beschlug. Nahm ihr Haar zwischen die Finger, befühlte es wie etwas Fremdes. Die Tochter hatte ihre Haare abgeschnitten, als sie in die Tanzstunde ging. Eines Tages war sie nach Hause gekommen, eine bunte Mütze auf dem Kopf, obwohl es draußen warm war. So, hatte sie trotzig gesagt und die Mütze heruntergerissen, so, die sind ab. Und sie hatte gestammelt: die schönen Haare. Hatte geweint. Aber Heinrich lachte und sagte, daß das Mädchen aussehe wie ein frecher Bengel.

Sie nahm die Nagelschere vom Bord und begann zu schneiden, faßte ein Büschel mit der Linken und schnitt es unterhalb des Ohrläppchens ab. Suchte auf Heinrichs Schreibtisch die scharfe Papierschere und schnitt weiter. Schnitt ringsum bis zum rechten Ohr. Die Haare lagen am Boden oder blieben auf ihren Schultern hängen. Im Spiegel: eine Fremde.

Sie bürstete und kämmte, schnitt nach, schüttelte den Kopf, daß das kurze Haar flog. Sie zog die Bluse aus, warf sie achtlos in die Badewanne, zog den Reißverschluß ihres Rockes auf; er glitt zu Boden, und sie stieg heraus wie aus einer alten Haut. Sie klatschte kaltes Wasser ins Gesicht, bis die Haut spannte. Trocknete sich ab, kremte sich ein, puderte die Wangen und strich sich mit dem Lippenstift dreimal über den Mund.

Vor dem geöffneten Kleiderschrank betrachtete sie lange ihre gepflegte Garderobe: Kleider für Sommer und Winter, Röcke, Blusen, Kostüme. Sie zog die Jeans an, die sie für den Urlaub am Meer gekauft hatte, den dicken Pullover. Ging auf Strümpfen zurück ins Wohnzimmer, öffnete die Terrassentür und wuchtete den Tannenbaum, den Heinrich am Vortag im Ständer befestigt hatte, auf den vorgesehenen Platz. Sie steckte die Kerzenhalter auf, die Kerzen und zündete sie an. Saß im Sessel und betrachtete den Baum. Er steht schief. Sie schenkte sich ein Glas von Heinrichs Cognac ein, trank und hustete. Er steht sehr schief. Heinrich hat es bei allem Drehen und Wenden nicht geschafft, ihn gerade auszurichten. Draußen hatte es noch perfekt ausgesehen, aber jetzt stand er schief und lächerlich und die Kerzen tropften. Machten rote Wachsflecke auf dem Parkett.

Sie schenkte sich ein zweites Glas ein. Prostete dem Baum zu. Wohlig warm war ihr. Die Beine kribbelten. Der Kopf so leicht, als hätte er sich vom Hals gelöst und schwebte ein Stück darüber. Sie hatte noch immer die Streichholzschachtel in der Linken, das Glas in der Rechten. Jetzt: Glas auf den Tisch und Streichhölzer angerissen. Sie entzündete alle Kerzen im Haus: auf dem großen Adventskranz in der Diele, dem kleinen auf dem Eßtisch, auf ihren Tannen-Apfel-Schleifen-Gestecken im Wohnzimmer. Sie zündete die Kerzen aller Leuchter an, auch die in der hölzernen Pyramide, die schon in ihrem Elternhaus im Fenster gestanden hatte. Und die sich in der Wärme der Lichter langsam zu drehen begann. Sie legte eine Platte mit Weihnachtsliedern auf. Trank einen dritten Cognac. Im Flur zog sie Schuhe und Mantel an, machte an der Haustür kehrt, weil sie vergessen hatte, Geld einzustecken. Ging in Heinrichs Arbeitszimmer und nahm alle Scheine aus der Kassette.

Sie verließ das Haus, ohne die Tür zu schließen. An der Gartenpforte blieb sie kurz stehen, drehte sich zu den festlichen Kerzen hinter den Fenstern, die im Wind zu flackern begannen, als zwinkerten sie ihr zu. Dann wandte sie sich ab und schlug den Mantelkragen hoch. Als sie davonging, wehte ihr kurzes Haar im Wind wie eine helle Fahne.

Carson McCullers
Heiligabend im Krankenhaus

Ich lernte Carol ein paar Tage vor Weihnachten kennen, als wir beide Patienten im Krankenhaus für Physiotherapie waren. Carol war ein vielbeschäftigtes Mädchen; sie malte Aquarelle, sie zeichnete mit Kreide, und vor allem machte sie Zukunftspläne. Damals erhoffte sie eine Party für den Heiligen Abend, an der sie teilnehmen wollte; es würde das erstemal in ihrem Leben sein, daß sie mit ihren neuen Beinprothesen zu einer Party ging. Carols Beine waren amputiert worden. Sie war mit Beinen auf die Welt gekommen, die so verkrümmt waren, daß sie sie amputieren ließ, als sie neunzehn Jahre alt war.

An jenem Heiligabend waren Scharen von Besuchern im Krankensaal, Familien und Freunde von Patienten, und das Krankenhaus hatte Feiern veranstaltet. Aber für Carol war es ein Unglückstag. Ihr blieb die Party versagt, zu der sie hatte gehen wollen, weil das eine ihrer Beine repariert werden mußte. Das würde ihr den Heiligen Abend verderben; und als ich zu ihr hinschaute, sah ich, daß sie leise und bitterlich weinte.

Ich bat sie, mich zu besuchen. Ihren Rollstuhl konnte sie sehr geschickt handhaben; sie kam zu mir, noch immer in Tränen.

»Von allen Tagen im Jahr muß das Bein ausgerechnet heute repariert werden – wo ich mich doch so drauf gefreut hatte, zu der Party zu *gehen* und meinen Freunden meine neuen Beine zu zeigen!«

Wir sprachen ein Weilchen, und dann las ich ihr das lebendigste Stück Literatur vor, das ich kenne (abgesehen von der Bibel):

»Ein leichtes Pochen gegen die Scheibe bewog ihn, dorthin zu blicken. Es hatte wieder zu schneien begonnen. Schläfrig beobachtete er die Flocken, die silbern und dunkel schräg durch das Lampenlicht fielen. Die Stunde war für ihn gekommen, seine Reise gen Westen anzutreten. Ja, die Zeitungen hatten recht: In ganz Irland schneite es. Der Schnee fiel auf jede Stelle des dunklen Mittellandes, auf die baumlosen Hügel, fiel sachte aufs Moor von Allen, und weiter westlich fiel er sachte auf die dunklen, rebellischen Wellen des Shannon. Er fiel auch auf jede Stelle des einsamen Friedhofs auf dem Hügel, wo Michael Furey begraben lag. Dicht lag er auf den schiefen Kreuzen und Grabsteinen, auf den Speeren des kleinen Gittertors und auf dem Dornengestrüpp. Langsam verdämmerte seine Seele, während er den Schnee sachte durchs Weltall fallen hörte, sachte niederfallen hörte auf all die Lebenden und die Toten, wie das Nahen ihrer letzten Stunde.«

Ich las es ebensosehr zu ihrem wie zu meinem Trost, und die Schönheit der Sprache brachte uns beiden an jenem Heiligabend im Krankenhaussaal Frieden und Schönheit.

Carol war ein Mädchen mit großartigem Mut; sie nahm die Beschwerden ihres Invalidendaseins mit Grazie und Ausgeglichenheit auf sich. Trotzdem wußte ich, daß sie wegen der Party unglücklich war, denn sie wiederholte: »Ausgerechnet heute, wo ich ins Zimmer meiner Freunde gehen und mich zeigen wollte!«

Die Ärzte waren auch niedergeschlagen, doch plötzlich

erhob sich wie ein jäher Windstoß ein kleines Durcheinander im Korridor. Die Nachricht verbreitete sich, daß Carols Bein rechtzeitig fertig würde und daß sie schließlich doch noch zu der Party gehen könne. In dem Neun-Betten-Saal entstand ein allgemeines Frohlocken, und Carol weinte in froher Erregung.

Als es Zeit wurde für den Beginn der Party, wurde Carol tadellos in ihre besten Sachen gekleidet. Die Beine wurden ihr gebracht, und sie wandte die Gehhilfen an, die ihr erst vor kurzem beigebracht worden waren. Ein Arzt schaute zur Tür herein, um zu sehen, wie sie es schaffte, und der Therapeut sagte: »Bravo, Carol!«

Sie prüfte die Schnallen an ihren Prothesen, mühte sich in eine aufrechte Stellung und ging dann mit erhobenem Kopf stolz den Korridor hinunter und dorthin, wo ihre Freunde sie erwarteten. Ich wußte, daß die langen Monate ihres heldenhaften Leidens und Mutes und der harten Arbeit sich gelohnt hatten und daß es Carol wirklich gutgehen würde.

Als ich das letztemal von ihr hörte, besuchte sie das College, nahm an allen studentischen Umtrieben teil und hatte vor, nach bestandenem Examen Physiotherapie zu lehren.

Bernard Mac Laverty
Ein Weihnachtsgeschenk

McGettigan wachte am hellichten Mittag auf, taub vor Kälte. Am Abend zuvor hatte er vergessen, die Tür zu schließen, und sein Mantel war auf die Dielen hinabgeglitten. Er drehte sich auf dem Sofa um, zog sich den Mantel über und versuchte, ein Frösteln zu unterdrücken. Zu seinen Füßen lag eine dunkelgrüne Weinflasche, und als er die Hand ausstreckte, um das Gewicht der Flasche zu prüfen, zitterte sie. Er überlegte, ob er denn auch vorsorglich einen Tropfen aufgespart hatte, um sich am Morgen aufwärmen zu können. Aber die Flasche war leer, und er schleuderte sie in die Ecke zu den anderen. Beim Geräusch des Aufpralls zuckte er zusammen.

Er erhob sich und knöpfte sich den einzigen Knopf an seinem Mantel zu. Die mittlere Partie hielt er mit den Händen zusammen, die er tief in den Taschen vergraben hatte. Als er auf die Straße hinausging, senkte er den Kopf und kämpfte gegen den Wind an. Er benötigte dringend etwas zum Aufwärmen.

Er durchwühlte die eine Hosentasche, die noch kein Loch hatte, und fühlte eine zerknitterte Pfundnote und eine ziemliche Menge Kleingeld. Er war versorgt. Niemand hatte ihn während der Nacht beklaut. Gestern hatte er von der Fürsorge sein Weihnachtsgeld ausgezahlt bekommen, und er besaß genug, um sich heute auszukurieren, vielleicht hatte er sogar noch etwas für den Weihnachtstag übrig.

Strannix' Bar lag hinter dem Gerichtsgebäude, nur etwa zwei Minuten von McGettigans Zimmer entfernt, aber heute kam es ihm wie eine kleine Ewigkeit vor. Sein dünner Mantel flatterte ihm um die Knie. McGettigan war so groß, daß er immer befürchtete, den meisten Wind abzubekommen. Als er die Tür zur Bar aufstieß, fühlt er sich von einer Woge aus Hitzedunst, Qualm und Branntweingeruch eingehüllt und umschmeichelt. Rasch suchte er den Tresen ab. Strannix war nicht dort. Nur Hughie, der Barmann, stand da – der war in Ordnung. McGettigan ging zum Tresen und blieb fröstelnd stehen. Wortlos stellte Hughie ihm einen Glühwein hin. McGettigan legte sein Geld auf die Marmorplatte, doch Hughie wehrte es ihm mit den Händen.

»Fröhliche Weihnachten, alter Junge«, sagte er. McGettigan nickte, er konnte immer noch keinen Ton hervorbringen. Er nahm das dampfende Glas, trug es mit beiden Händen zu einer Sitzbank am hinteren Ende der Bar und wartete einen Augenblick, bis es sich abgekühlt hatte. Dann trank er es in einem Zug leer. Er spürte, wie sich seine Eingeweide entspannten und seine Schmerzen abzuklingen begannen. Er holte sich noch ein Glas, für das er aber bezahlte.

Nach dem zweiten Glas waren die Schmerzen schon fast ganz vergangen, und er konnte seine langen Beine entknäueln, aufblicken und seine Umgebung mustern. Die Wanduhr zeigte kurz nach zwei, und in der Bar gab es eine ansehnliche Anzahl Gäste. Jetzt erst nahm er die Stechpalmenzweige wahr, die bunte Raumdekoration und das »Fröhliche Weihnachten«, das in Weiß auf dem Spiegel hinter der Theke geschrieben stand. An der Theke selbst saß ein buntes Gemisch von Stammgästen und Leuten vom Gericht in Westen und Maßanzügen. Sie frotzelten, lachten und redeten miteinander, was nicht alle Tage vorkam. Wenn Strannix keinen Dienst hatte, konnte er es ja riskieren, sich an den Tresen zu pirschen. Man konnte nie wissen, wie einem geschah. An einem Tag wie heute konnte man auch schon mal freigehalten werden.

Er stand lange da und lächelte über ihre Witze, doch als niemand von ihm Notiz nahm, bestellte er noch ein Glas Glühwein und ging an seinen Platz zurück. Komisch, er hatte ganz vergessen, daß es gar nicht mehr weit war bis Weihnachten. Für ihn verlief jeder Tag wie der andere. Vor langer Zeit waren die Weihnachtsfeste noch etwas Angenehmes gewesen. Es hatte eine Unmenge zu essen und zu trinken gegeben. Hähnchen, Gemüse und Kartoffeln, alles im Verlauf einer einzigen Mahlzeit, die noch mit Rosinenpudding in Vanillesauce abgerundet wurde. Danach servierte Da, falls er nicht schon betrunken war, Glühwein. Im Kaminfeuer – das war noch so etwas: Zu Weihnachten hatten sie immer ein Feuer brennen – erhitzte er ein Schüreisen, bis es glühend rot war und, wenn er beim Herausziehen irgendwelche Staubfusseln berührte, weiße Funken versprühte, und tunkte es in den Flaschenhals. Den Wein reichte er in Tassen, auf deren Grund ein Teelöffel Zucker lag. Dann wußten sie, daß sie – wenn sie wollten, bis Mitternacht – vor die Tür gehen und mit ihren neuen Spielsachen spielen durften, denn Ma und Da würden sich vollaufen lassen und in ihren Sesseln einnicken. Kam die Schlafenszeit, war das neue Spielzeug immer schon entzwei, aber auszumachen schien es ihnen nichts, konnte man doch immer noch etwas damit anfangen. Das waren noch Zeiten gewesen.

Aber es hatte auch schlechte Zeiten gegeben. Er erinnerte sich des Weihnachtstages, an dem er auf dem kalten Linoleumfußboden gelandet war und, nach einer Tracht Prügel, die Da ihm verabreicht hatte, von Kopf bis Fuß wund, in der Ecke vor sich hingewimmert hatte. Er hatte eine Krippenfigur vom Kaminsims gestoßen, und auf dem Feuerrost war der weiße Gips in tausend Stücke zersprungen. Da hatte die Krippe erst am Vortag erstanden, und angetrunken, wie er war, hatte er ihn mit dem Gürtel verdroschen – mitsamt Schnalle. Selbst jetzt noch konnte sich McGettigan nicht darauf besinnen, welche Figur es gewesen war.

McGettigan war froh, daß er nicht verheiratet war. So konnte er sich vollaufen lassen, wann immer er wollte, ohne sich um Kinder sorgen zu müssen. Er war sein eigener Herr. Er konnte sich ein schönes Weihnachtsfest bescheren. Er durchsuchte seine Taschen, nahm sein gesamtes Geld hervor und zählte es nach. Zum ersten Feiertag konnte er sich eine ganze Menge leisten. Es wäre besser, die Sachen für alle Fälle lieber jetzt schon zu kaufen und beiseite legen zu lassen. Womöglich konnte er sich sogar etwas zu essen verschaffen.

Er ging zur Theke. Hughie beugte sich vor, um ihn im Lärm der Bar besser hören zu können. Als McGettigan ihn um Getränke zum Mitnehmen bat, erinnerte ihn Hughie daran, daß es erst halb drei sei. Darauf erklärte ihm McGettigan, er wolle die Sachen für Weihnachten. Drei große Flaschen Stout und drei Flaschen Wein.

»Ist der recht?« fragte Hughie und hielt lächelnd die billigste Weinsorte in die Höhe. Er packte die Sachen in eine Tüte, die er unter die Theke stellte.

»Wenn der Boss kommt, sagst du ihm, daß sie für mich ist«, bat McGettigan.

»Wenn Strannix kommt, schmeißt er dich hochkant raus«, sagte Hughie.

Strannix war ein Geizhals, darin waren sich alle einig. Er haßte McGettigan. Dieser sei die Sorte Kunde, auf die er verzichten könne. Leute wie der brächten sein Lokal in Verruf. Damit meinte er, daß die Richter und Rechtsanwälte, die nur vom Teuersten und Besten tranken – und zwar eine gewaltige Menge –, an jemandem wie McGettigan Anstoß nähmen. Um eines Pfennigs willen hätte Strannix seine eigene Großmutter erwürgt. Unter den Rechtsanwälten der Bar kursierte eine feststehende Redensart. Wenn ihnen ihr Whiskey serviert wurde, sagten sie: »Ich geb nur noch ein bißchen mehr Wasser hinzu.« Strannix war ein ausgemachter Gauner. Nicht nur die Bar, sondern auch die meisten Häuser in den umliegenden Straßen gehörten ihm. Für seine Bude mußte McGettigan ihm die reinste Wuchermiete zahlen. Obwohl es ihm zuwider war, beglich er diese so pünktlich wie nur möglich, weil er sich an sein letztes bißchen Halt klammerte. Wenn man keine Bleibe mehr hatte, war man *alle*. Sein Zimmer war das letzte, was er einbüßen wollte.

Jetzt, wo er sich entspannen konnte, holte er sich ein Stout. Als er wieder an seinen Platz ging, sah er Richter Boucher hereinkommen, dem die an der Theke Sitzenden im Chor ein »Frohes Weihnachtsfest« entgegenbrüllten. Ein junger Rechtsanwalt, der ihm eben noch alles Gute gewünscht hatte, verdrehte die Augen und kicherte in seinen heißen Whiskey hinein.

Richter Boucher war beleibt und hatte ein rotes Gesicht, das von einem Netz feiner, purpurfarbener Äderchen überzogen war. Er trug einen dicken Kamelhaarmantel und streifte sich ein Paar pelzbesetzte Handschuhe ab. Als McGettigan dem Richter das erste Mal begegnet war, war ihm gar nicht aufgefallen, daß dieser eine Glatze hatte, denn damals trug er seine Amtsperücke und verdonnerte ihn wegen Trunkenheit und Erregung öffentlichen Ärgernisses zu drei Monaten Haft. Jetzt sah er, wie der Richter seinen ersten Gin Tonic hinunterkippte; den Kopf hielt er dabei so weit zurückgeneigt, daß die Zitronenscheibe gegen seinen Schnurrbart purzelte. Er schubste das Glas zu Hughie hinüber, der ihm nachfüllte. Richter Boucher knackte mit den Fingergelenken, rieb sich die Hände und machte irgendeine Bemerkung über die Kälte. Dann zog er einen Zettel aus der Tasche und reichte ihn Hughie zusammen mit einem Bündel Geldscheine. Anscheinend spendierte der Richter den Umstehenden eine Runde. Folglich stand McGettigan auf und trat an ihn heran.

»Schönen guten Tag, Herr Richter«, sagte er. McGettigan war mindestens fünfzehn Zentimeter größer als der Richter, hatte aber hängende Schultern. Der Richter wandte sich um und sah zu ihm auf.

»McGettigan! Na, Sie machen doch wohl keine Scherereien?« sagte er.

»Nein, Sir. Aber es steht schlimm zur Zeit ... Na ja, Sie wissen ja, wie das so ist. Wenn ich nur das Geld für eine Bettstelle hätte ...«, sagte McGettigan und fuhr sich mit der Hand über das stoppelige Kinn.

»Ich geb Ihnen keinen aus«, schnauzte der Richter ihn an. »Mann, das ist doch die Ursache all Ihrer Schwierigkeiten. Sie sehen ja furchtbar aus. Wie lange haben Sie denn schon nichts mehr gegessen?«

»Es ist nicht das Essen, Euer Gnaden ...«, hob McGettigan an, doch der Richter unterbrach ihn, indem er ihm eine Fleischpastete bestellte. McGettigan nahm sie, Dankesworte murmelnd, entgegen und ging wieder an seinen Platz.

»Fröhliche Weihnachten«, rief ihm der Richter quer durch die Bar nach.

In diesem Augenblick tauchte Strannix hinter der Theke auf. Er war ein hünenhafter, muskulöser Mann, der seine Ärmel bis zu den Bizeps aufgekrempelt hatte und mit einem lauten südlichen Akzent sprach. Als er McGettigan erspähte, lehnte er sich über den Tresen und fauchte ihn an: »Du dürres Gestell! Hab ich dir nicht gesagt, wenn ich dich noch mal erwische ...«

»Mr. Strannix«, rief der Richter vom anderen Ende der Theke. Als Strannix auf den Lattenrosten auf den Richter zuging, verzog sich sein giftiges Gesicht zu einem Lächeln.

»Nun, Richter, was kann ich für Sie tun?« fragte er. Der Richter war bereits wieder zum Vertreter seines Standes geworden.

»Lassen Sie ihn in Frieden«, sagte er. »Den Menschen ein Wohlgefallen und all das.« Er lachte lärmend und zwinkerte in McGettigans Richtung. Strannix füllte das Glas des Richters und harrte mit starrem Lächeln auf sein Geld.

Um vier Uhr traf der Wagen des Richters ein, und unter vielem Händeschütteln und Schulterklopfen verließ dieser das Lokal. McGettigan wußte, seine Zeit war gekommen. Strannix sah ihn mißbilligend an und beorderte ihn mit einer verächtlichen Gebärde seines dicken Daumens hinaus.

»Hughie hat eine Tüte für mich«, sagte McGettigan herausfordernd. »... und ich hab sie schon bezahlt!« fügte er hinzu, bevor Strannix danach fragen konnte. Strannix griff nach der Papiertüte, kam um die Theke herum, drückte sie McGettigan in den Arm und beförderte ihn entschlossen zur Tür hinaus. Als diese zufiel, rief McGettigan: »Ich hoffe, das wird dein letztes Weihnachtsfest gewesen sein!«

Die Tür öffnete sich erneut, und Strannix steckte sein feistes Gesicht heraus. »Sieh dich vor, oder ich kassiere die Miete ein«, knurrte er.

McGettigan spuckte auf den Bürgersteig, gerade laut genug, daß Strannix es hören konnte. Es fing an zu regnen, und der düstere Himmel schien das Eintreffen der Nacht beschleunigen zu wollen. McGettigan umklammerte die mitgenommenen Getränke mit der Armbeuge. Seine ungeschützte Hand wurde steif vor Kälte. Dann wurde er gewahr, daß sich die Flaschen in der Tüte sonderbar anfühlten. Irgend etwas darin war dreieckig. Eine ihm unvertraute Form.

Unter der nächsten Straßenlaterne hielt er an und öffnete die Tüte. Er sah eine dreieckige Flasche Whiskey. Und er sah eine Flasche Wodka, zwei Flaschen Gin, eine Flasche Brandy und etwas, das aussah wie Tonic.

Er nahm die Beine in die Hand und rannte, so schnell er konnte. Er war in schlechter Verfassung: Beim Atmen rasselte es in seiner Kehle, seine Stiefel waren bleiern, und sein Herz schlug ihm bis zum Hals. Im Rennen sprach er ein Stoßgebet, daß sie ihn nicht einholten.

Als er sein Zimmer erreicht hatte, setzte er die Tüte vorsichtig auf dem Sofa ab, verriegelte die Tür und lehnte sich hechelnd und keuchend dagegen. Als er wieder zu Atem gekommen war, suchte er im letzten verbleibenden Tageslicht den Hof nach Nägeln ab, die er in einer Büchse wußte. Die Nägel trieb er mit wilden Beilschlägen durch die Tür in den Pfosten. Danach schob er das Sofa gegen die Tür und blickte sich im Zimmer um. Sonst ließ sich nichts weiter verrücken. Mit dem Rücken zur Wand ließ er sich neben dem Fenster auf dem Boden nieder und reihte die Flaschen vor sich auf. Beim Herausnehmen klangen sie hell wie volles Glockengeläut. Schweigend harrte er auf Strannix.

Innerhalb weniger Minuten kamen dieser und Richter Boucher auch schon das Treppenhaus hochgestampft. Sie trommelten gegen die Tür und riefen seinen Namen. Strannix schrie: »McGettigan, wir wissen, daß du da drin bist. Wenn du nicht rauskommst, bring ich dich um!«

Der Richter versuchte ihm gut zuzureden: »Ich hab dir doch eine Fleischpastete gekauft, McGettigan.« Seine Stimme hörte sich ernstlich gekränkt an.

Doch Strannix übertönte seine Stimme.

»McGettigan, ich weiß, du kannst mich hören. Wenn du nicht mit der Tüte herausrückst, werde ich dich exmittieren lassen.« Es trat Stille ein. Vor der Tür beratschlagte man flüsternd. Dann schrie Strannix wieder: »Exmittieren heißt auf die Straße setzen, du hirnloses Gestell!«

Nach weiterem Fäustegetrommel zogen sie ab, ihr Geschrei und ihre Fußtritte verhallten allmählich.

McGettigan lachte, wie er seit Jahren nicht mehr gelacht hatte – mit zurückgeworfenem Kopf. Mit den Flaschen, die vor ihm standen, spielte er Ene mene muh – der Whiskey gewann. Er fand, daß das klickende Geräusch des aufbrechenden Metallsiegels viel schöner klang als das Knallen eines Korkpfropfens. Er quälte sich damit, daß er nicht gleich trank, sondern erst einmal aufstand und zur Feier des Tages ein Shillingstück in die Gasuhr steckte, um das Heizgerät in Gang zu setzen. Die weißen Schamotteteile waren abgebrochen und auf den Boden gefallen. Das Feuer zischte laut, weil es so lange nicht angezündet worden war. McGettigan sprang zurück und mußte lachen. Dann zog er das Sofa vor das Heizgerät und strampelte sich die Stiefel von den Füßen. Aus den Löchern in seinen Socken lugten weiß seine Zehen hervor, und von seinen Füßen stieg Dampf auf. Die Straßenlaterne vor dem vorhanglosen Fenster warf ein Rechteck aus Licht auf den Boden. Im Schein der Gasflammen erglänzte rotgolden der Whiskey.

Er führte die Flasche zum Mund und trank. Die Hitze, die aus seinem Innern stieg, vereinte sich mit der Wärme seiner Füße zu einer Atmosphäre des Wohlbehagens. Immer wieder setzte er die Flasche an die Lippen, und jedesmal, wenn er sie wieder absetzte, lauschte er der glucksenden Musik der zurückschwappenden Flüssigkeit. Bald verwandelte sich das Fenster in einen funkelnden Diamanten, und er fragte sich, ob, was da im Lichtkranz der Laterne wehte, ein Silberregen war oder der Schnee der Christnacht. Knabenchöre stimmten Weihnachtslieder an. McGettigan summte mit und dirigierte sie gemächlich mit der freien Hand. Der Raum erblühte im Dezemberdunkel.

Knut Hamsun
Weihnachtszeit

Ich kam einige Tage vor Weihnachten nach Hause.

In Kristiania herrschte mildes Winterwetter, viele gingen ohne Überkleider, und der Park war so aufgeweicht, daß man fast nicht durchkam. Es war einer jener Tage, an denen die Armen dazu verleitet werden, mitten im Winter ihre Mäntel ins Pfandhaus zu tragen. Aber das schlechte Wetter war im Anzug, dicht zusammengeballt wirbelten die Wolken über der Stadt.

Gegen Abend brach eine feuchtkalte Dunkelheit herein, diese Art von Finsternis, die im Gesicht klebenbleibt, wenn man sich ihr aussetzt. Dann fielen einige große, nasse Fetzen Schnee. Jetzt ist es soweit! dachten die Leute, die sich auf das Wetter verstanden, nun denn – soll es anfangen! Aber es fing nicht an. Man nahm nur eine merkwürdige Unruhe dort oben in der Höhe wahr, und wenn die Wolken aufrissen, beleuchtete der Mond die sich dahinwälzenden Wolkenballen. So blieb es bis nach Mitternacht.

Dann beruhigte es sich, und es wurde trotz aller weisen Voraussagen kalt. Man hatte sich verrechnet, es kam Frost. Bereits gegen sechs Uhr waren alle Fenster der Stadt mit dicken, rauhen Eisblumen überzogen. Nur im Büro des Doktors in dem hohen Haus neben den Tuchhändlern waren die Fenster klar; man hatte die ganze Nacht geheizt. Am nächsten Tag war es so kalt, daß sich die Leute möglichst im Haus aufhielten. Und jeder, der es sich leisten konnte, beauftragte andere mit der Erledigung der notwendigen Gänge – arme Leute und Kinder von armen Leuten, die sich für ein paar Fleischbrocken vom Tisch der Reichen oder für einige Schnapsschillinge mit Körben und Paketen abschleppten. An solchen Tagen wimmelt es in den Straßen vom Abfall des Lebens.

Ein einsamer Schildermaler steht mit Fäustlingen an einem Tor und malt seine Buchstaben, und oben auf der Statue von Kristian IV. hocken frierend einige kleine Vögel. Die Kuchenfrauen sind heute zu Hause. Nur die eine oder andere, die es sich nicht leisten kann, daheim zu bleiben und ihre eigenen Kuchen zu essen, sitzt bis über die Nase eingemummt an ihrem Platz, vor sich das mit Reif überzogene Naschwerk. Und wenn ihr die blaugefrorene Hand eines hungrigen Kunden ein Fünförestück hinstreckt, nimmt sie nur unwillig die Münze entgegen, um gleich wieder dösend in sich zu versinken.

Die stechenden Eiskristalle waren einfach überall, wo sich kein Windschatten fand. Sogar die Schutzmänner mieden vorsichtshalber die offenen Plätze. Die Leute, die durch die zugigen Nebenstraßen mußten, bissen die Zähne zusammen und rannten – den Kopf nach vorne gestreckt und die Hände vor dem Gesicht. Die, die es aushielten, blieben einen Moment verbittert bei den Thermometern stehen; sie meinten, jetzt würde es kalt werden. Da hastet eine luftige Gestalt in einem Baumwollkleid und mit dunkelgrauem Schal über den Markt, das ist – ja, das ist sie, die kleine Blonde, die nie nein sagen konnte. Ich erkenne sie an ihrem Gang, der immer noch der gleiche ist, und an den dicklichen Füßen mit dem hohen Rist, die unter dem leichten Kleid stapfen. Sie trägt ihren Kuchenkorb vor sich, beide Arme im Henkel, wie in alten, glücklichen Tagen. Aber das Gesicht ist so erschöpft, die Schultern so schlaff ...

Abgewrackt – sie ist ein Wrack!

Sie ist die Tochter eines Schuhmachers aus Sandsvær und kam als junges Mädchen nach Kristiania, um sich zu verdingen. Aus der Zeit kenne ich sie. Äußerlich wirkte sie still und zurückhaltend, aber im Innern schlummerte ein Vulkan. Sie zeichnete gerne Blumen, und ihre Skizzen verrieten Talent; aber nicht einen Fehler durften wir ihr zeigen, denn dann brach sie in Tränen aus. Sie war übrigens das tüchtigste Mädchen, das die Hausherrin jemals hatte. Es gab nichts, was sie nicht bereitwillig tat – zuerst im Haus, dann in den Hauseingängen. Sie konnte niemals nein sagen. Ihre Leidenschaft waren die Kadetten. Diese jungen Männer mit den breiten roten Biesen an den Uniformhosen hatten es ihr angetan. Ein Gruß oder eine andere Aufmerksamkeit von einem dieser jungen Herren konnte sie für lange Zeit glücklich machen – eine Aufmerksamkeit eines dieser Herren machte sie zuletzt auch unglücklich. Wie vergnügt sie war, wenn sie ihre Freundschaft genießen durfte! Aber sie wurde schließlich allzu bekannt, man ging ihr aus dem Weg. Ihr Mund wurde bleich, dieser brennend rote Mund, der gleichsam jedes Wort, das sie sprach, sanft gefärbt hatte, ihre Augen bekamen einen dreisten, starren Blick – sie blieb allein. Von da an sah ich sie seltener, sie mied mich. Sie war von den Kadetten mit den breiten Biesen abgesunken zu den gemeinen Soldaten mit den schmalen, und von dort tiefer und tiefer, bis hinunter zum Abfall des Lebens. Da blieb sie dann. Der Vulkan war ausgebrannt. Jetzt machte sie an kalten Tagen Gänge für die Leute. Abgewrackt – ein Wrack!

Der Himmel wölbte sich klar wie kaltes Glas, wie blaues Eis. Und der Schnee scheuchte die Fußgänger im Galopp durch die Straßen. Bei dem hohen Haus neben den Tuchhändlern hielt ein Mietkutscher, das Pferd vor dem Schlitten war weiß bereift. Er soll einen Mann abholen. Wen? An solchen Tagen, an denen nur die Not draußen ist, an denen sich nur der Abfall und Menschenwracks herumtreiben – wen? Den Doktor – du lieber Mann; der Doktor, dieser letzte Priester der gestrandeten Existenzen.

Da geht ein Träger die Hauptstraße hinunter, der früher einmal ein Haus in der Stadt besaß, und der früher bei scheußlichem Wetter daheimsitzen konnte. Die Matrosen nennen ihn immer noch den Lord. Er ist wohlbekannt, ganz Kristiania kennt ihn. Wenn die Leute am Trampes-Platz 709 vorbeigehen, deuten sie auf das riesige Backsteingebäude und sagen: »Das Haus des Lords!«, und sie denken bekümmert daran, wie das Leben auf dieser Welt manchmal spielt.

Der Lord bleibt vor Justs großem Glasgeschäft stehen und wirft seitlich einen Blick in die Fenster. Seinen Mantel hat er am letzten Gutwettertag verpfändet, wie so viele andere gescheiterte Tagediebe, und jetzt läuft er ohne ihn herum. Er hält eine Menge aus. Der Lord ist bekannt für seine auffallende Gesundheit, die ihn niemals im Stich gelassen hat; die kräftigen Arme sind die eines Riesen, und mehr als einer hat sich seine starken, wiegenden Schultern gewünscht. Er bekommt ein Zeichen von drinnen aus dem Geschäft, vom Chef des Hauses, ein ehemaliger Schulkamerad, und der Lord greift zum Hut, tritt bescheiden durch die Tür, nimmt Auftrag und Bezahlung entgegen und geht. Jetzt erst mal auf einen Sprung zur Jungfer an der Ecke! Es ist bald Weihnachten, der Lord spürt bereits die erregende Nähe, ein Glas auf das Kommen des Festes! – Ich sehe ihn, wie er die Straße überquert, hinüber zur »Hütte«, diesem kleinen, festen grauen Steinhäuschen, das unerschütterlich steht, obwohl manch größeres ins Wanken geriet.

Der Lord war einmal ein feiner Herr. Er rauchte seine fünf, sechs Havannas jeden Tag und war keiner von denen, die der Meinung sind, wenige Kronen seien viele Kronen. Seine Eltern konnten es sich leisten, zwei Ärzte für ihn zu holen, als ihm einmal als Jüngling eine Gräte in den Hals geriet, und ein anderes Mal bezahlten sie eine Geldstrafe für ihn, weil er ein Kind geschlagen hatte. Fürsorgliche Eltern, zärtlich und liebevoll, anständige, brave Leutchen, die sich sonntags hinknieten und an Ostern bis zur Erde verneigten, die es gut hatten auf der Welt, sich satt aßen und erlesenen Wein auf das Wohl des Königs tranken.

Die Geschichte des Lords ist die eines Säufers.

Er verließ das Land im Alter von zwanzig Jahren, und erst nach seiner Rückkehr lernte ich ihn kennen. Da war er siebenunddreißig Jahre, groß wie ein Riese, eine lärmende Seele. Ich traf ihn eines Abends unten im Café Grand; seine Mutter war eben gestorben, aber der Lord gröhlte am lautesten von allen und verteilte achtlos sein Geld nach allen Seiten. Sein Gesicht hatte diese hitzige Röte angenommen, die keinen Irrtum zuließ. Er besaß die Gewohnheit, zuviel zu reden, und wiederholte ständig diesen Satz, auf den nie eine Erklärung folgte: »Alle Welt weiß, daß man säuft, aber niemand weiß, wozu man säuft.« Kurz darauf verkaufte er sein Haus, das bereits hoch mit Schulden belastet war.

Drei Jahre danach begegnete mir der Lord auf der Anlegebrücke; ich kam gerade von einer Reise zurück.

»Benötigt der Herr meine Dienste?«

»Natürlich!« antwortete ich.

Und er nahm mit seinen starken Armen einen Koffer nach dem andern und stellte sie auf seinen Wagen. Wir gingen los. Ein Stück weiter traf ich einen Freund, der mich laut begrüßte und meinen Namen nannte. Der Lord wurde aufmerksam, aber aus Angst, ich könne ihn wiedererkennen, setzte er scheinbar gleichgültig seinen Weg fort. Beim Hotel erinnerte ich ihn jedoch an unsere alte Bekanntschaft und bat ihn, mit mir hineinzukommen. Der Lord legte sich auf der Stelle einen fremden Namen zu. Man merkte, daß er sich schon früher in dieser Verlegenheit befunden hatte, er war darauf vorbereitet, und trotz mehrmaliger Versuche gelang es mir nicht, ihn zu dem Geständnis zu bewegen, daß er der Lord war. Er drohte sogar mit der Polizei, wenn ich ihn nicht bezahlte und gehen ließe.

Jetzt ist der Lord ein Wrack. Ich beobachte ihn in dem Augenblick, in dem er die Straße überquert hinüber zur »Hütte«. Er ist da drinnen wohlbekannt, sogar bei der Jungfer, diesem jungen Mädchen, dem es obliegt, mit lächelndem Gesicht hinter einem Tresen zu stehen und Menschen zu ruinieren.

Ein paar Männer laufen eilig vorbei, eine Meute von fünf verfrorenen Zechkumpanen, die von den Schiffsbrücken herauf zu dem kleinen Häuschen an der Ecke gekommen waren, um sich zu wärmen. Es sind einige Ältere unter ihnen, dahinsiechende Säufer, entwurzelte, verlorene Menschen, die gehungert und draußen gelegen haben, die von Anfang an ihre eigene Gesundheit zerstört haben, um auf die anderer zu trinken. Einer von ihnen – ich kenne ihn – war in seiner Jugend ein so gescheiter Kopf, daß ihn die Polizei gar nicht mehr loslassen wollte. Er wechselte bis heute ständig zwischen Freiheit und Gefängnis.

Unten bei der Tafel, wo die letzte Zeitung des Tages ausgehängt ist, steht eine Gruppe Männer, die wissen, was schwere Arbeit ist, hungernde, gebeugte, von der Plackerei gezeichnete Gestalten mit schwarzen Augen. Gleichgültig, sehr gleichgültig gleitet ihr Blick über die großen, pompösen Buchstaben, mit denen der Bazar seine Winterseiden und die neuen Daunenfedern feilbietet; ihre Augen bohren sich suchend hinein ins Kleingedruckte, wo die Arbeitsplätze stehen. Daheim eine kalte Kammer, eine Frau und viele Kinder, das ist Weihnachten, bald läuten die Glocken das Fest des Jubels ein ... Jede Zeile wird durchstöbert, die gesamte Spalte bis hinunter – vergebens! Keine Arbeit! Und da läuft ein Zittern durch die großen Hände, die nichts lieber wollen, als sich abzuschinden, um für sich und die Seinen etwas zu essen zu verdienen. Langsam, ganz langsam geht einer nach dem andern aus der Gruppe nach Hause, um Weihnachten zu feiern ...

Doris Dörrie
Eine polnische Weihnachtsgans

Als Dorota Kowalska am Morgen des 24. Dezember in Nowy Dwár in den Spiegel sah, dachte sie: Warum schenke ich Hubert nicht einfach meine neue Nase zu Weihnachten? Sie holte ihren Koffer unter dem Bett hervor, packte ihre höchsten Stöckelschuhe, ein blutrotes Stretchkleid und die Rubinkette ihrer Großmutter ein, eilte noch im Nachthemd und in den verdreckten Gummistiefeln ihres Vaters über den Hof ins Kühlhaus und nahm dort eine der letzten tiefgefrorenen Gänse vom Regal.

Ihrem Vater schrieb sie einen Zettel: Sei nicht böse. Ich muß nach München. Ich kann nicht anders. Es ist die Liebe. Dorota.

Sie legte die tiefgefrorene Gans in den Koffer auf das rote Kleid, was so aussah, als blute das arme Tier noch, und das einzige, was Dorota über diesen grausigen Anblick hinwegtröstete, war die Tatsache, daß diese Gans eine garantiert glückliche gewesen war, die ihr 15wöchiges Leben in Freiheit verbracht und sich von Gras ernährt hatte, weil für den Vater Tiermehl oder Mais einfach zu teuer war. Dorota hatte ihn immer wieder gedrängt, seine Gänse Biogänse zu nennen und mindestens das Doppelte zu verlangen, denn das hatte sie bei der Familie in Schwabing gelernt, die sich ausschließlich von schier unbezahlbaren Bioprodukten ernährte, aber der Vater strich ihr nur zärtlich über das Haar und sagte kopfschüttelnd: Ach, die Deutschen, was die dir so alles beibringen.

Der Kofferdeckel beulte sich über dem eiskalten Gänsekörper, und als sie ihn zum Frühbus schleppte, kam es ihr vor, als wiege er Tonnen. Vielleicht hatte sogar sie dieses Gänseei seinerzeit aufgesammelt und in den großen Brutkasten getragen, vier Wochen das Gössel im Stall gefüttert, und es dann, als es groß genug war, um nicht von einer Elster geholt zu werden, mit seinen 999 Kollegen auf die Wiesen gescheucht. An ein Leben ohne Gänsegeschnatter konnte Dorota sich nicht erinnern. Wenn sie anfangs vor Heimweh in München wach lag und nicht schlafen konnte, dann dachte sie an den weiten hellblauen Horizont über den zartgrünen Wiesen und an das Geschnatter der Gänse. Nur um Weihnachten herum wurde es totenstill. Da aßen die Deutschen ihren Gänsebraten, und sie mit ihrem Vater wie die meisten Polen Karpfen. Niemals hätte sie Gans gegessen. Nie.

Sie würde Hubert einfach überraschen. Vorsichtig die Tür aufschließen, ins Wohnzimmer schleichen und vor ihm stehen: Hier bin ich, dein Weihnachtsgeschenk. Und die Weihnachtsgans habe ich auch mitgebracht.

Sie stellte sich Hubert in seiner Wohnung vor, allein mit den düsteren Möbeln seiner Mutter, die sie jede Woche mit Holzpflegemittel einrieb, sie sah ihn vor sich, wie er an Heiligabend einsam und traurig von einem dunklen Zimmer ins andere tappte, während draußen die Weihnachtsglocken klangen und in den Fenstern gegenüber die Weihnachtsbäume leuchteten.

Vor fast einem Jahr hatte Dorota angefangen, seine Wohnung zu putzen, und während sie putzte, saß Herr Bosch vor seinem Computer, schrieb seine Filmkritiken und tat die ersten Monate so, als bemerke er sie überhaupt nicht. Während sie um ihn herum saugte, wischte und polierte, verliebte Dorota sich in seinen Nacken, besonders die feinen Härchen seines Haaransatzes, die sie an Gänseflaum erinnerten. Sie fing an, ihm Blumen auf den Tisch zu stellen, seinen Kühlschrank zu füllen, und nachts häkelte sie ihm Kissenbezüge. Als er sie nach genau drei Monaten und sieben Tagen dann endlich doch bemerkte, lag Dorota im Handumdrehen nackt auf seiner Couch und wunderte sich über die plötzliche Wendung.

Von da an putzte sie umsonst und nannte es Liebe. Hubert hatte einiges an ihr auszusetzen, aber dafür war er ja Kritiker. Er bemängelte ihre Figur, also aß sie keine Pommes frites mehr zum Frühstück, er mochte generell keine Farben (was sich Dorota damit erklärte, daß er Schwarz-Weiß-Filme bevorzugte), also versuchte sie, sich möglichst unauffällig zu kleiden, er mochte es nicht, wenn ihr Bauch unbedeckt war, also bedeckte sie ihn züchtig, er mochte ihre Frisur nicht, also änderte sie sie, aber dann fiel ihm auf, daß ihre Nase sehr groß sei. Überdurchschnittlich groß. »Wer hat dir eigentlich diesen Zinken vererbt?«, lachte er, und da sah es Dorota selbst. Mitten in ihrem relativ kleinen Gesicht saß die riesige Nase ihres Vaters und ihrer Großmutter. Wie hatte sie diese Nase all die 22 Jahre ihres Lebens übersehen können? Sie weinte eine ganze Woche lang, dann ging sie Nachtschichten putzen, einhundert Tage lang, fuhr nach Warschau und ließ sie sich verkleinern.

Fünf Wochen nach der Operation sah sie immer noch so aus, als sei sie in eine üble Schlägerei geraten. Hubert erzählte sie, sie sei gegen eine Glastür gerannt, aber er glaubte ihr nicht und drang so lange in sie, bis sie in ihrer Not herausplatzte, ihr Vater habe sie geschlagen. Hubert nickte ernst, als habe er das immer schon geahnt, während Dorota an Scham fast erstickte. Ihr weicher, freundlicher Vater, ausgerechnet er, der niemals verstanden hätte, warum seine Tochter einem Mann wie Hubert gefallen wollte, einem griesgrämigen, häßlichen, noch dazu viel zu alten Kerl, dem sie ihre aristokratische Nase geopfert hatte, die sie doch schließlich von ihm und er von seiner Mutter geerbt hatte, ihrer Großmutter, deren Rubinkette sie um den Hals trug.

Das schlechte Gewissen und ihre schmerzende Nase waren zuviel für Dorota. Am gleichen Tag noch setzte sie sich in den Zug nach Polen, stieg genau acht Mal um, um in tiefster Nacht zusammen mit Hunderten von Pilgern ein kleines Holzkreuz auf den heiligen Berg von Grabarka zu tragen. Mit einem Tuch wusch sie sorgfältig ihre neue Nase in einer Quelle mit heiligem Wasser, hängte dieses Tuch in einen Baum, damit es am nächsten Morgen von den Nonnen verbrannt wurde, und siehe da, schon am nächsten Tag fühlte sie sich nur noch halb so schuldig, schließlich war es doch Liebe! – und zwei Wochen später war ihre Nase abgeschwollen und klein und süß und wunderbar, und das alles, obwohl sie noch nicht einmal orthodox war, sondern katholisch.

Es hatte sich doch gelohnt. Sie war jetzt ein anderer Mensch, den Hubert uneingeschränkt lieben können würde. Zu Weihnachten sollte er eine funkelnagelneue Dorota bekommen.

Die Gans in ihrem Koffer begann langsam aufzutauen, was nur gut war, denn sie sollte in weniger als 20 Stunden bereits in Huberts Backofen langsam vor sich hinbrutzeln. Mit Bier würde Dorota sie immer hübsch begießen, ganz genau so, wie Hubert die legendäre Weihnachtsgans seiner Kindheit geschildert hatte, und dann würde sie Hubert zuschauen, wie er glücklich eine glückliche Gans aß, eine Gans der Familie Kowalska, die Gras gefressen hatte und deshalb fettarmes, feines Fleisch hatte, nicht wie ihre zwangsernährten Verwandten, denen mit einer Maschine vier bis fünf Mal am Tag ein Kilo Mais mit einem Schlauch in den Magen gepumpt wurde, bis die Tiere am Ende vor Pein keuchten und torkelten.

Sie würde Hubert rundherum glücklich machen. Dorota legte ihre Wange an die kalte Fensterscheibe des Zuges. Draußen wurde der Himmel dunkelsamtblau und der Schnee glitzerte. Bald würden in Nowy Dwár alle aufs Feld gehen und auf den ersten Stern warten. Ihr Vater hatte ihr erzählt, Stern, gwiazda, sei ihr erstes Wort gewesen. Um zehn war Christmette, und um Mitternacht würden die Tiere sprechen. Das glaubten alle in ihrer Familie. Als Kind hatte Dorota einmal laut und deutlich eine Katze gehört, aber was die Katze gesagt hatte, hatte sie leider vergessen.

Sie seufzte und befingerte nervös ihre nach wie vor erstaunlich kleine Nase.

In weniger als zwei Stunden würde sie Huberts Tür aufschließen. Den Schlüssel hatte er ihr gleich am Anfang gegeben – nicht ohne ihren Ausweis zu fotokopieren. Reine Vorsichtsmaßnahme. Sie solle es bitte nicht persönlich nehmen, aber man wisse ja nie. Sie hatte gelächelt, obwohl sie verletzt war. Später lächelte sie, als er sagte: meine kleine polnische Mastgans. Oder: Deine Haare sehen aus wie ein Vogelnest. Oder: Mit deiner Nase müßtest du so gut riechen können wie ein Hund, groß genug ist sie ja. So war er halt, der Hubert, sagte sie sich, ein bißchen grob, aber das brachte sein Beruf wohl so mit sich.

Es brannte Licht im Flur. Im Wohnzimmer hörte sie eine

Frauenstimme, ein Frauenlachen. Er sah fern, der Arme, an Heiligabend!

Vorsichtig stellte Dorota den Koffer ab, zog leise ihre dikken Stiefel aus und schlich auf Strümpfen zur Wohnzimmertür. Abermals hörte sie die Frauenstimme.

Sie kam nicht aus dem Fernseher.

Mit dem Koffer in der einen und den Stiefeln in der anderen Hand rannte Dorota die Treppen hinunter. Keuchend vor Wut, Scham und Schmerz versteckte sie sich wie ein Kind unter dem Treppenabsatz zum Keller. Unablässig sah sie dieselben Bilder vor sich: ein nacktes Frauenbein über dem Sessel, silberne Stöckelschuhe und die Socken von Hubert auf dem Teppich, sein Nacken mit dem Gänseflaum, seine nackten Schultern, eine Frau, die den Kopf nach hinten warf, daß die Haare flogen, und die sie sofort erkannte. Connie, die Fernsehkritikerin, deren Konterfei jeden Tag in der Tageszeitung abgebildet war. *Connie sieht heute.* Was sah Connie an diesem Heiligabend?

Eine junge Frau in Strümpfen und Daunenjacke mit blonden Haaren und einer sehr kleinen, eleganten Nase, die plötzlich in der Wohnzimmertür stand, den Mund auf und zu klappte wie ein Karpfen und sie anstarrte.

Meine Putzfrau, keuchte Hubert, meine polnische Putzfrau.

Dorota legte sich zusammengekrümmt auf ihren Koffer unter die Treppe. Sie wußte nicht, wohin. In ihr Zimmerchen bei der Familie, auf deren drei Kinder sie aufpaßte, konnte sie nicht, die Familie war über Weihnachten verreist, und den Schlüssel hatte sie abgeben müssen. Nehmen Sie es bitte nicht persönlich, hatte der Vater gesagt, aber wir haben Geschichten gehört, die glauben Sie nicht!

Dorotas Nase schmerzte empfindlich beim Weinen. Es war das erste Mal, daß sie mit ihr weinte.

Begleitet von Weihnachtsmusik und Glöckchenklingeln aus dem ganzen Haus, wimmerte Dorota vor sich hin, bis über ihr eine Haustür schlug und ein lautes Schluchzen zu hören war, das, begleitet von Stöckelschuhgeklapper, immer näher kam.

Dorota hielt in ihrem eigenen Weinen inne und lugte über das Geländer. Selbst im dunklen Treppenhaus erkannte sie sie. Connie. Erst nur ihren Kopf, *Connie sieht heute*, und dann die ganze Connie. Ihr Kleid stand halb offen, ihren Mantel zog sie hinter sich her, schluchzend kam sie die Treppe hinunter, so nah an Dorota vorbei, daß diese ganz genau Connies rotgeweinte Nase betrachten konnte, die eindeutig größer war als ihre, und Connies Frisur, die jetzt auch eher einem Vogelnest glich. Leise fragte Dorota ins dunkle Treppenhaus: Und was hatte Hubert an Ihnen zu kritisieren?

Mein Hals! schluchzte Connie, er hat gesagt, ich hätte einen Hals wie ein Truthahn!

Wie ein Truthahn?

Ja, heulte Connie, und sein kleines Spanferkel hat er mich genannt.

Spanferkel, sagte Dorota befriedigt, auch nicht besser als polnische Mastgans.

Was?

Ach, sagte Dorota und putzte sich vorsichtig die Nase, vielleicht ist das jetzt eine blöde Frage, aber haben Sie eigentlich schon eine Weihnachtsgans?

Und so kam es, daß am 1. Weihnachtstag Connie und Dorota an einem fein gedeckten Tisch in Connies Wohnung vor einer knusprigen Gans saßen, von der Dorota allerdings nichts nahm.

Du solltest wenigstens probieren, sagte Connie und nahm sich die zweite Keule, das ist die beste Gans meines Lebens.

Ich kann nicht, sagte Dorota, sie hat zu mir gesprochen.

Wer?

Sie, sagte Dorota und deutete auf den Gänsebraten.

Sie? sagte Connie vorsichtig. Eine tote Gans?

Ich habe sie gehört. Ganz genau. Um Punkt Mitternacht.

Was hat sie denn gesagt?

Dorota lächelte. Du dumme Gans.

Was?

Du dumme Gans, hat sie gesagt. Laut und klar.

Du dumme Gans?

Ja, du dumme Gans, sagte Dorota.

Connie hob ihr Glas. Da hat sie wohl mich gemeint, seufzte sie.

Oder mich, lachte Dorota und nahm ebenfalls ihr Glas. Schöne Weihnachten.

Julio Llamazares
Eine Truthahnleiche im Kühlschrank

Am Heiligabend des Jahres 1971 zankten sich die Señores wieder.

Die Señores hatten die Angewohnheit, immer am Heiligen Abend zu streiten, aber nur an diesem Tag. Die übrigen dreihundertvierundsechzig Tage im Jahr sprachen sie nicht miteinander, der Señor verbrachte Tag und Nacht zurückgezogen in seinem Büro, wo er Habaneras hörte und Zeitung las, und die Señora spazierte durchs Haus und erteilte Befehle.

Der Señor war ein seltsamer Mann. Mit siebzehn war er – wie so viele andere Jungen damals – nach Kuba emigriert und, bis er an die vierzig war, dort geblieben, hatte tausend verschiedene Jobs gemacht, ohne auch nur einen Peso zu sparen, bis er schließlich, enttäuscht von seinem Abenteuer oder von Heimweh (dieser Gemütskrankheit) geplagt, beschloß, in ein Land zurückzukehren, an das er sich kaum noch erinnern konnte. In Wahrheit hielt der Señor diese Entscheidung immer für einen Irrtum. Letztendlich – pflegte er zu sagen – erwartete ihn niemand auf dieser Seite des Atlantiks, und auf der anderen Seite hatte er auch nichts zu verlieren, nicht einmal als Fidel Castro in Kuba an die Macht kam. Er kehrte also zurück, wie so viele andere. Mit der Legende des in Amerika reich gewordenen Spaniers, obwohl er nicht mehr besaß als an dem Tag, als er fortging: das Gepräge eines träumenden und abenteuerlustigen Jungen und drei oder vier Grundstücke, die ihm seine Eltern vererbt hatten.

Als ich viele Jahre später nach Kuba reiste, fand ich Gelegenheit, die Wahrheit über das Abenteuer des Señors von *Villa Adela* zu erfahren, dem Haus, in dem ich von fünfzehn bis zwanzig arbeitete, bevor ich Asturien verließ. Ein alter Kellner konnte sich noch an ihn erinnern:

»Berrueta? Der mit der runden Brille? Dick und mit beginnender Glatze? … Gusendo Berrueta?« Bevor er antwortete, musterte mich der Mann genau. »Wie sollte ich mich nicht an ihn erinnern! Wie könnte man Gusendo vergessen!«

Was ich dann zu hören bekam, ließ mich erstarren. Auf die Theke gestützt, einen Daiquiri vor mir, während ein Schwarzer auf dem Klavier mit gekonnter und teilnahmsloser Melancholie all jene Habaneras spielte, die der Señor zu hören pflegte, kamen mir seine geheimsten Machenschaften zu Ohren (seine Beteiligung an zwielichtigen Geschäften, sein Gefängnisaufenthalt in Malecón, sein finanzieller Aufstieg und Niedergang), und ich erfuhr von all den Spuren, die er in seiner Zeit in Havanna hinterlassen hatte:

»Könnten die Zimmer dieses Hotels sprechen«, schloß der Kellner seine Erzählung, »hätte so mancher das Schiff genommen, um Gusendo im letzten Winkel Spaniens aufzustöbern.«

Aber, wie schon gesagt, kam mir das alles erst viele Jahre später zu Ohren. Als ich den Señor kennenlernte, war er ein gütiger und sanftmütiger alter Herr, der seine Enkelkinder und die täglichen Spaziergänge in der Natur liebte und Tag für Tag mit unglaublicher Geduld den herben, unausstehlichen Charakter seiner Ehefrau ertrug. Er hatte sie, bald nachdem er aus Kuba zurückgekehrt war, an einem Sonntag im Mai in der Kirche von Llanes geheiratet, mit seinem Strohhut und den weißen Halbschuhen (so posierte er zumindest auf den Hochzeitsfotos), zur großen Enttäuschung aller heiratsfähigen Frauen der Gegend und zum Leidwesen ihres Vaters, der – abgesehen davon, daß ihm der beträchtliche Altersunterschied mißfiel (der Señor war zwanzig Jahre älter als die Señora) – außerdem den zweifellos begründeten Verdacht hegte, daß der Mann, in den sich seine einzige Tochter verliebt hatte, nur auf ihr Vermögen aus war. Schließlich war der Vater der Señora der wohlhabendste Mann in der Gegend.

Es ist mir noch heute unmöglich, mir die Señora verliebt vorzustellen. Diese alte Despotin, diese launenhafte und hysterische Betschwester, die den ganzen Tag Rechnungen kontrollierte und den Angestellten Befehle erteilte, kann man sich wie auch immer vorstellen, nur nicht verliebt. Ich vermute, daß sie es nie wirklich war, daß dieser glückliche, verzückte Gesichtsausdruck auf dem Hochzeitsfoto im Salon, neben dem ihrer Eltern, reine Berechnung war und nur so lang andauerte, bis der Heimkehrer aus Amerika seine Unterschrift in das Kirchenregister setzte. Denn was konnte dieses bleiche, fade Mädchen erwarten, dessen einziger offenkundiger Reiz der Molkereibetrieb ihres Vaters war?

Eines steht jedenfalls fest: Wenn der Señor mit dieser Heirat die ihm fehlende finanzielle Sicherheit suchte und ein gemütliches, ruhiges Haus, wo er die Enttäuschungen der Vergangenheit vergessen konnte, so ging der Schuß nach hinten los. Denn von dem Moment an, als er seinen Fuß über die Schwelle gesetzt hatte (vielleicht sogar schon, als er im Kirchenregister unterschrieb), verlor dieses bleiche und fade Mädchen augenblicklich die Schüchternheit, das sanfte Lächeln auf ihrem Gesicht erlosch, und die Señora verwandelte sich schlagartig in die Tyrannin, die sie in Wirklichkeit war. Was in der Folge geschah, kann man sich leicht ausmalen. Der Señor versuchte gewiß zu Beginn, sein Gesicht und den Nimbus des Abenteurers zu wahren, indem er auf seine Erfahrung und den Altersvorsprung pochte. Sicherlich hatte er Auseinandersetzungen mit ihr, als er seinen Freiraum zunehmend beschnitten sah, doch griff er nie zu solchen Methoden, wie er sie zweifellos, nach allem, was ich später erfuhr, in den Jahren des Herumtreibens in den Straßen von Havanna angewendet haben muß. Denn obwohl er nie mit ihr sprach und die beiden jeden Heiligabend wütend miteinander stritten, respektierte der Señor die Señora immer, zumindest in der Zeit, als ich im Haus arbeitete. Wie dem auch sei, die Señora stutzte ihm nach und nach die Flügel, und dem Señor blieb am Ende keine andere Wahl, als sich in sein Arbeitszimmer zurückzuziehen.

Als ich ihn kennenlernte, verließ er es kaum noch, nur um auf die Toilette zu gehen oder seine täglichen Spaziergänge zu unternehmen. Er nahm sogar seine Mahlzeiten im Arbeitszimmer ein – Tejerina, das Dienstmädchen, trug jeden Tag das Essen nach oben und holte später das Tablett wieder ab. Die Señora und er hatten seit Jahren getrennte Schlafzimmer, verbrachten Tage und Monate, ohne ein Wort zu wechseln, bis zu Weihnachten alle Kinder zu Besuch kamen.

Dann geriet das sonst stille, immer so ordentliche Haus in Aufruhr. Dieses Treffen war unabdingbar, ein Fixpunkt, den alle wahrnahmen, weil sie – unter anderem – hofften, eines Tages die zahlreichen Besitzungen zu erben: das Herrenhaus in Llanes, das Landgut in Celorio, die Obstgärten in Villaviciosa und die Molkerei in Gijón, die den einträglichsten Teil darstellte. Sie kamen am Morgen an, nach und nach, in ihren mit Koffern und Kindern vollgestopften Autos. Zuerst Don Avelino, der Staatsanwalt, und seine stets zurückhaltende Frau Doña Mar; dann Don Secundino und Doña Mercedes, schließlich Doña Ana und Don Julio und am Ende, so um die Mittagszeit, der unverheiratete junge Herr Miguel. An diesem Tag machte der Señor eine Ausnahme und empfing sie im Garten. Und danach, da sich die Señora um die Zimmereinteilung und das Verstauen des Gepäcks kümmerte, blieb er den ganzen Nachmittag im Salon und spielte mit den Kindern.

Bis zum Abendessen störte für gewöhnlich nichts den Ausbruch kindlicher Freude, die mit der Ankunft der Enkel das ganze Haus erfüllte. Die Männer gingen hin und her und erörterten die Neuigkeiten des Jahres, die Frauen lachten und verglichen sich untereinander insgeheim, während Tejerina und ich alle Hände voll zu tun hatten, um die ununterbrochenen Anweisungen der Alten zu erfüllen. Selbst beim Abendessen, das bei dieser Gelegenheit im Salon serviert wurde, wo am Tisch an jeweils einem Ende die Señora und der Señor den Vorsitz übernahmen, pflegte alles in einer relativ herzlichen Atmosphäre abzulaufen, in der die Kinder die Hauptrolle spielten. Erst als das Abendessen vorbei war und die Stimmen, vor allem die des jungen Herrn Miguel, vom Champagner belegt waren, bahnte sich die Señora zwischen ihnen einen Weg und fragte den Señor ohne jegliche Vorwarnung in autoritärem Ton:

»Wirst du dieses Jahr hingehen?«

»Nein.«

»Warum?«

»Weil ich keine Lust habe.«

Nach vierzig Jahren (so lange waren sie verheiratet) hatte die Señora alles, absolut alles vom Señor erreicht, nur nicht, daß er sie sonntags zur Messe begleitete. Nicht, daß der Señor ohne Glauben gewesen wäre oder etwas gegen die Religion gehabt hätte. In Wahrheit war es ihm wohl gleichgültig, ob er zur Messe ging oder nicht, denn die einzigen Besuche, die er bereitwillig in seinem Arbeitszimmer empfing, waren die des Dorfpfarrers, Don Marcelino, der von der Señora aufgestachelt mit Geduld und ohne jeglichen Erfolg zwischen der einen oder anderen Schachpartie versuchte, ihn für seine Sache zu gewinnen. Ich habe den Verdacht, daß die Weigerung des Señors, in die Kirche zu gehen, nur ein letztes Aufbegehren, eine Frage des Stolzes war, eine Form, um sich für alle Zugeständnisse zu rächen, die ihm die Señora vierzig Jahre lang abgerungen hatte. In dem Fall also mußte sie sich nach vielen gescheiterten Versuchen und zähneknirschend der Tatsache fügen, daß ihr Mann sie am Sonntag nicht in die Kirche begleitete wie ihr Vater ihre Mutter. Doch sie akzeptierte es nicht, und also stritten sie an jedem Heiligen Abend, weil er sich weigerte, die Familie nach dem Abendessen zur Christmette zu begleiten.

Am Heiligabend des Jahres 1971 fiel der Streit viel heftiger aus als sonst. Ich weiß nicht, ob es wegen des Truthahns war oder ob es einfach einmal so kommen mußte.

Zu Weihnachten war es üblich, auf dem Markt einen Truthahn zu kaufen, und am Heiligen Abend, bevor man ihn schlachtete, ordnete die Señora an, ihm reichlich Anisschnaps einzuflößen, damit das Fleisch dessen Aroma und Geschmack annahm. Der Zeremonie pflegten alle im Haus beizuwohnen, einschließlich der Angestellten. Und wir hatten unsere Freude daran zu sehen, wie der Truthahn langsam betrunken wurde und in der Küche umherzutorkeln begann. In jenem Jahr jedoch verlief die Komödie anders als sonst. Als der Truthahn schon knapp vor seiner Schlachtung und die Flasche Anisschnaps vorbereitet war, kam der junge Herr Miguel mit Verspätung an (er behauptete, wegen des Schnees), und wir gingen alle hinaus, um ihn zu begrüßen und ihm mit dem Gepäck behilflich zu sein. Diesen Augenblick nützte der Señor. Während wir seinen Sohn begrüßten, der wie immer Geschenke für alle, auch für die Hausangestellten, mitbrachte, blieb der Señor mit dem Truthahn allein, und sie leerten gemeinsam die Flasche Anisschnaps. Als wir in die Küche zurückkehrten, war die Señora einer Ohnmacht nahe. Ich erinnere mich sogar daran, daß Doña Ana sie stützen mußte, damit sie nicht zu Boden fiel. In der Tat hätte der Anblick eine tüchtige Ohnmacht verdient. Denn dort, zwischen den Küchentischen, vollführten Don Gusendo und der Truthahn wie zwei gute Freunde, die von einer stürmischen Nacht heimkommen, Tanzschritte, wobei der Señor ein dreistes Lied sang:

»Die Mulattin ist die Perle von Eden! Die Mulattin ist hübsch und tanzt gut! Die Mulattin ist die Perle von Eden! Die Mulattin ist hübsch und küßt gut ...!«

Das Abendessen in jener Nacht wird mir immer in Erinnerung bleiben. An einem Ende des Tisches die Señora, die schweigend in die Runde blickt, wobei ihre Augen den verhaltenen Zorn verraten, und am anderen Ende der immer betrunkener werdende Señor, der mit dem Messer auf den Teller trommelt und leise das dreiste Tanzlied singt. Alle anderen, dazwischen plaziert, versuchten ihre Aufmerksamkeit und die Blicke auf die Teller zu richten, und niemand, nicht einmal der junge Herr Miguel, wagte während des Essens auch nur die geringste Bemerkung zu machen. In jener Nacht fragte die Señora ihren Gatten nicht einmal, ob er zur Christmette mitkommen wolle. Er hatte ganz offenkundig nicht die Absicht, doch unter den gegebenen Umständen war es angebracht, ihn nicht in Versuchung zu führen, denn vielleicht würde er sonst ausgerechnet in diesem Jahr seine Meinung ändern. Als das Abendessen vorüber war und wir uns alle für den Kirchgang vorbereiteten, wandte sich die Señora an ihren Mann und sagte haßerfüllt:

»Übrigens, Gusendo« – und bevor sie fortfuhr, wartete sie, daß er sie ansah. »Ich habe soeben den Plattenspieler aus dem Fenster geworfen.«

Und dann sagte sie sehr würdevoll zu den anderen:

»Gehen wir.«

Es war kalt, als wir uns auf den Weg machten. Trotzdem kann ich mich erinnern, daß die Kirche voller fröhlicher Menschen war, die in Gruppen herbeigeströmt waren und bei der Heimkehr auf der Straße Weihnachtslieder sangen. Wir nicht. Wir dachten an den Señor und an das, was bei unserer Ankunft geschehen würde, obwohl wir noch nicht wußten, was uns tatsächlich erwartete.

Diesmal war es Doña Ana, die augenblicklich in Ohnmacht fiel. Kaum hatte sie ihren Fuß über die Schwelle gesetzt, glitt sie wie eine Feder zu Boden, und wir eilten alle – noch ahnungslos – herbei, um ihr zu helfen. Aber schon der Versuch scheiterte, denn als wir hineingingen (die Señora, ihre Söhne, die Schwiegertöchter, die Bediensteten und auch die Kinder, die singend dahergekommen waren), blieben wir alle wie versteinert stehen. Und das zu Recht. Dort oben an der Decke im Vorzimmer erwarteten uns der Señor und der Truthahn, wie Weihnachtsschmuck vom Lüster herunterbaumelnd.

Erstaunlicherweise war es die Señora, die zu Beginn, zumindest nach außen hin, am besten reagierte. Sie dachte, als man ihren Mann heruntemahm, der sich übrigens für diese Gelegenheit mit einer Fliege und weißen Halbschuhen herausgeputzt hatte, sogar daran, daß man dasselbe auch mit dem Truthahn tun und ihn in den Kühlschrank legen sollte, um ihn, wie vorgesehen, am nächsten Tag zu braten.

»Er kommt auf den Friedhof«, sagte sie ganz ernst. »Aber nicht mit dem Truthahn.«

Am Morgen jedoch verlor sie die Haltung. Zunächst geschah das mit Yuma. Sie schickten ihn nach Llanes, um einen Kranz für das Begräbnis zu holen, und der alte Chauffeur nützte die Gelegenheit zum Besuch mehrerer Bars. Als er zurückkehrte, trug er den Kranz um den Hals, so als hätte er ein Autorennen gewonnen, und torkelte wie zuvor der Truthahn. Dann das mit Doña Ana. Sie brach plötzlich zusammen und klammerte sich weinend an den Priester, der neben dem Sarg stand, und beide zusammen hätten ihn beinahe umgestürzt, wäre nicht Don Avelino gewesen, der als ältester Sohn (und Staatsanwalt, der er war) neben ihr die Totenwache hielt. Ihm gelang es nämlich, den Sarg festzuhalten, als er schon zu kippen drohte. Doch die Señora verlor erst dann wirklich die Nerven, stürzte aus dem Salon und schrie, daß sie nicht daran dächte, zum Begräbnis zu gehen, und ihretwegen der Señor weiter da oben baumeln könne, als Gelen plötzlich (mit einem Messer in der Hand) hereinplatzte und mit ihrer üblichen Zurückhaltung lauthals fragte:

»Señora, soll ich die Truthahnleiche schon zubereiten?«

Etel Adnan
Belauscht

An der Ecke Rue du Parc Royal und Rue de Turenne gibt es ein ausgezeichnetes Restaurant, in das ich immer gehe, wenn ich um die Mittagszeit zufällig in der Gegend bin. Heute hatte ich mit meiner Freundin Simone einen Gang durch mehrere Kunstgalerien gemacht. Ein kalter Tag, dazu Weihnachten, das am Ende der Woche winkte, eine hervorragende Kombination von Umständen, um unbekümmert Paris neu zu entdecken.

Wir betraten das Café des Musées und wählten eine Ecke nah am Fenster, in der es nur zwei aneinandergestellte Tische und einen Haken an der Wand zum Aufhängen der Mäntel gab. Es herrschte viel Betrieb, und die Kellnerin kam nicht so schnell wie sonst, aber das machte nichts. Als sie schließlich mit den Speisekarten erschien, bestellten wir eine »soupe de cresson«, eine Kürbissuppe, Rindfleisch und Fisch. Eine Flasche Wein.

Ein junges Paar kam herein und setzte sich an den Nebentisch. Sofort ergriff uns ein Gefühl freundlicher Neugier. Der Rest des Cafés hätte abschwirren und sich wohin auch immer davonmachen können, wir saßen glücklich und zufrieden in unserer Ecke mit Blick auf die Straße, netten Zufallsnachbarn und dem Lokal im Rücken.

Zu meiner Linken saß die recht junge Frau in einem schwarzen Pullover und Blue Jeans, ihr gegenüber der Mann, jung, aber schon etwas dicklich. Ich fand ihn liebenswert.

Er sagte zu ihr – und das war der erste Satz, den er äußerte: »Laß uns ein Glas Champagner trinken.« Sie sagte:

»Nein«, und es war klar, daß sie es ernst meinte. Ein wenig später fügte er mit sanfter Stimme hinzu: »Aber es ist doch Weihnachten.«

Die Kellnerin, die ihre Runde machte, kam, ging wieder und kehrte zurück. Sie bestellten geschmortes Rindfleisch mit Karotten und Kartoffeln. Dasselbe Gericht für beide. Er entschied sich für ein Viertel vom Hauswein. Sie erhob sofort Einspruch: »Du solltest nicht schon mittags trinken, das macht nur groggy, träge.« Kopfschüttelnd und mit einer Geste seiner rechten Hand, als würde er einem Freund zum Abschied hinterherwinken, bestellte er mit neutraler Stimme eine große Flasche Evian.

Ich warf ihr einen kurzen Blick zu und sah ein strenges, schmallippiges Gesicht: Sie wird schon alt, dachte ich. Im Geiste nahm ich Partei für ihn und suchte nach weiteren Gründen, ihn zu mögen. Er trug keinen schwarzen Pullover, sondern ein hübsches braunes Hemd unter einer weich fallenden Kordjacke, die mich an eine ähnliche erinnerte, die ich in meiner Studentenzeit in ebendieser Stadt getragen hatte. Ich stellte fest, daß seine Pupillen grünlich waren, mit einem dunkleren Rand. Er war ein gutmütiger Kerl, entschied ich, der ungeduldig darauf wartete, daß sie sich entkrampfte. Ganz offensichtlich bat er um ein Lächeln, ein Zeichen, eine Andeutung, daß etwas sie verband, aber es kam nichts, außer einem leeren Blick aus ihren Augen.

Als die Gerichte gebracht wurden und die junge Frau zu essen begann, schien sie sich zu entspannen. In einer Sprache, von der ich wußte, keiner der beiden würde sie verstehen, sagte ich zu meiner Freundin Simone, die Frau schiebe sich ja eine Menge Brot in den Mund, während der Typ ziemlich vornehm wirke.

Ich genoß meinen Fisch mit Gemüse und merkte, daß unsere Flasche Wein schon leer war. Wir plauderten, als Simone aus heiterem Himmel die Bemerkung machte, daß ihr die Gegend hier gefalle, aber den Bus Nr. 96 hasse sie.

– Wieso? fragte ich.

– Er ist immer voll.

– Das hängt von der Tageszeit ab.

– Nein, er ist immer voll, und er stinkt.

– Oh, sagte ich, es ist doch ein schöner Tag. Bisher war es ungewöhnlich mild für die Jahreszeit. Komisch.

– Ja, aber wir haben keinen Urlaub gemacht. Alle unsere Freunde sind weggefahren.

Plötzlich wurde die Frau neben mir laut:

– Was soll dieses Mitleidsgetue für deine Mutter?! Es geht ihr doch gut in dem Haus in der Normandie. Sie fühlt sich wohl. Es ist alles in Ordnung.

– Aber sie ist vollkommen allein. Und Weihnachten ...

– Sie glaubt an nichts. Nicht an Religion und bestimmt nicht an dich.

– Aber sie hat ihren Mann verloren, meinen Vater, das war hart für sie.

– Nicht härter, als wenn man Krebs hat.

– Wieso fängst du jetzt von Krebs an? Was hat das damit zu tun?

Er nahm seine Brille ab und polierte die Gläser. Vorsichtig setzte er sie wieder auf die Nase. Er suchte nach Worten, die sie beruhigen könnten. Kaum wahrnehmbar bewegte er seine Lippen. Er verlor das Interesse am Essen, schob seinen Teller ein Stück weg.

Sie beendete ihr Mahl, schnappte sich sein Stück Brot, tunkte es in seinen Teller und aß die ganze Soße.

Wir kamen darauf zu sprechen, daß wir irgendwann gern umziehen würden, da die Wohnung im Winter zu dunkel sei.

– Ich muß Bäume vor den Fenstern sehen, sagte ich.

– Ich auch, sagte meine Freundin Simone. Ich brauche mehr Platz, viel Raum. Wo wir jetzt sind, kann ich nicht denken. Wenn diese Ferien vorbei sind, werde ich mit Suchen beginnen.

– Diesmal tun wir es hoffentlich wirklich.

Wir waren bereit für das Dessert. Nach längerer Diskussion einigten wir uns auf Birnen, in Wein eingelegt. Die servierten Früchte waren klein, aber schmackhaft, und der Wein verband sich gut mit der Sahne. Meine Freundin bemerkte ernst: Der heiße Wein, den wir letztens in der Brasserie hatten, war besser.

– Welcher heiße Wein, das hier ist kalter Wein!

Mein Interesse wandte sich wieder unserem Nebentisch zu. Jetzt sprach der junge Mann von seiner Arbeit. Soviel ich verstand, hielt er nicht viel von seinem Chef, aber als sie ihn fragte, wieso er immer wieder mit dem Thema anfange, ohne irgend etwas an der Situation zu ändern, antwortete er erwartungsgemäß, immerhin sei sein Gehalt ziemlich gut, verglichen mit dem, was seine Freunde in mehr oder weniger ähnlichen Positionen anderswo verdienten.

Ich spürte, daß er sich im Grunde nur wünschte, sein Gesicht dem ihren zu nähern, sich hinüberzubeugen, zu lächeln, sie mit den Augen zu streicheln, sie ganz und gar in eine Wolke froher Erwartung zu hüllen.

Die Kellnerin kam und nahm ihre Teller weg. Sie kehrte mit der Dessertkarte wieder, und meine Nachbarin teilte ihr mit, sie werde den Nachtisch auslassen und nur einen

Kaffee nehmen. Dann wandte die Kellnerin sich an ihn. Er bestellte spontan und fröhlich ein baba au rhum, ein Rumtörtchen. Sie ging in die Luft.

Unschuldig kam der Rumkuchen und stach ihr in die Augen. Sie kaute an ihren Nägeln und ballte die Fäuste. Ich konnte sie atmen hören. Als er einen Löffel voll baba zum Mund führen wollte, schoß sie hoch, packte seinen Arm und hielt ihn fest.

– Du wirst nach Alkohol riechen, sagte sie laut.

– Das macht nichts, hörte ich ihn deutlich sagen, wir gehen zu mir.

Er befreite seinen Arm und nahm ihre Hände in seine. »Wir gehen zu mir«, beharrte er, und er wagte zu flüstern: »Ich liebe dich ... und es ist Weihnachten.«

Sie erhörte sein Flehen nicht. Alles, was sie zu äußern wußte, war eine Warnung: Er sei dabei, zum Alkoholiker zu werden, sei längst einer, sie könne nichts für ihn tun, da er nie auf sie höre, sie verplempere nur ihre Zeit ... und jetzt reiche es.

Sie stand auf, warf ihre weiße Serviette auf den Boden, nahm ihren Mantel vom Haken und ging. Er blickte zur Tür. Sein ganzer Körper sagte, daß er ihr am liebsten gefolgt wäre, um sie zur Vernunft zu bringen, daß er nur zu gern in seiner warmen, sauberen Studiowohnung mit ihr schlafen würde, aber er war durcheinander, oder genauer, verletzt. Er konnte nicht sofort gehen, er mußte warten und die Rechnung bezahlen. Er stand verlegen da, und als die Kellnerin schließlich kam, tat sie so, als hätte sie nicht bemerkt, daß er sein baba nicht angerührt hatte. Er zahlte. Er wischte sich rasch eine Träne weg, und dann sank er, wie ein ausrangiertes Spielzeug, auf seinen Stuhl.

Was mich angeht, so wäre ich gern noch ein bißchen geblieben, aber es gab keinen Grund. Das Mittagessen war vorüber. Zum erstenmal seit vielen Jahren fürchtete ich mich vor der Fahrt mit dem 96er.

Lord Dunsany
Das doppelte Weihnachtsessen

Die schwerste Arbeit in meinem Leben? fragte der ältere Ingenieur. Ich habe Sümpfe untertunnelt und an den ungewöhnlichsten Orten Straßen gebaut. Aber das wirkliche Problem sind die Grenzen. Die Grenzen sind es, von denen alles abhängt. Die schwerste Arbeit, die ich jemals gemacht habe, das war an einem Weihnachtsabend vor vielen, vielen Jahren. Damals war ich natürlich noch jünger, sonst wäre es überhaupt nicht möglich gewesen. Aber seinerzeit habe ich es geschafft. Ich will Ihnen erzählen, worum es ging.

Ich verbrachte die Weihnachtsfeiertage bei alten Freunden, die auf dem Land lebten. Es gab keine Party. Es waren nur meine beiden Freunde da und ihre Tochter, die auf die sechzehn zuging. Ich glaube, im folgenden Jahr sollte sie in die Gesellschaft eingeführt werden. Wir hatten früh gegessen, wie sie es immer taten, wenn sie allein waren. Und weil ich ihr einziger Gast war, sahen sie sich nicht veranlaßt, daran etwas zu ändern. Um sieben Uhr abends setzten wir uns zu Tisch. Ich kann mich noch genau erinnern, was es gab, denn ich werde es wohl mein Lebtag nicht vergessen. Meine Gastgeberin gehörte zu jenen brillanten Geistern, die sich nicht übermäßig mit Alltäglichkeiten abgeben, und wenn sie es doch einmal eine kurze Zeit lang tun müssen, vergessen sie es schnell wieder. Die Speiseplanung überließ sie deshalb immer ganz der Köchin. Und da sie eine ausgezeichnete Köchin hatten, gab es daran auch gar nichts auszusetzen. Ganz im Gegenteil – man konnte sicher sein, daß diese Köchin nichts vergessen würde, was immer Alice

Etherington auch tun mochte. Und Jack Etherington, mein Gastgeber, wußte ein gutes Essen sehr wohl zu schätzen. Was es an diesem Abend gab, war ganz sicher ein gutes Essen. Ich kann mich erinnern, daß es mit Schildkrötensuppe losging, dann gab es irgendeinen Fisch. Danach ein Entree, zu dem ein leichter Wein gereicht wurde. Als nächstes kam der Braten, ein Hammelrücken, zu dem sie Champagner servierten. Und danach – denn schließlich war Weihnachten – gab es Truthahn, natürlich mit all den üblichen Beilagen, wozu auch Würstchen gehörten. Zum Dessert dann Plumpudding und ein oder zwei Mincepies. Und zum Abschluß eine pikante Nachspeise. Während Jack und ich noch bei einem Glas Portwein und ein paar gesalzenen Mandeln saßen, gingen meine Gastgeberin und ihre Tochter in den Salon hinüber. Da läutete es plötzlich an der Tür, und Jack fragte den Butler, was denn los sei. Es stellte sich heraus, daß der Pfarrer gekommen war, um seine Aufwartung zu machen.

»Ach, ja«, sagte Jack. »Es wird sich um den verdammten Basar handeln. Alice hat schon die ganze Zeit versucht, ihm aus dem Weg zu gehen, aber jetzt hat er uns doch erwischt. Wir werden ein paar Preise stiften müssen. Und dann soll sie wohl die Veranstaltung eröffnen und ich eine Rede halten. Nun denn, das ist Kismet.«

»Warum kommt er denn so spät vorbei?« fragte ich.

»Oh, er ist den ganzen Tag mit irgend etwas beschäftigt«, sagte Jack. »Er kann einfach keine Ruhe geben. Er ist der Fluch unser aller Leben hier. Wahrscheinlich hatte er keine Zeit, früher vorbeizukommen.«

Dann gingen wir in den Salon, wo Alice sich mit dem Pfarrer unterhielt. Ein eigenartiger Ausdruck stand ihr ins

Gesicht geschrieben. Sie redeten nicht über den Basar, sie sprachen über das Wetter. Ich wurde vorgestellt, und Jack fiel in die Unterhaltung ein. Wir bemerkten, daß der Pfarrer Abendkleidung trug, aber genauso wie Jack nahm ich an, daß er ebenfalls früh gespeist hatte. Schließlich erhob sich Jack und ging zu seinem Schreibtisch hinüber. Als er wieder zurückkam, fragte er den Pfarrer, ob er ihm ein Bild weiter hinten im Salon zeigen dürfe, da er gern seine Meinung dazu hören würde. Als die beiden sich von uns abwandten, ließ Jack einen Umschlag auf die Lehne von Alices Sessel gleiten. »Er muß zum Essen gekommen sein«, war darauf zu lesen. Und dann sagte Alice: »Ich habe ihn eingeladen!«

Mir fehlten die Worte, während sie fortfuhr: »Ich habe ihn eingeladen. Mündlich! Und dann hab' ich's vergessen. Er hatte mich wegen des Basars in die Enge getrieben, und ich mußte irgend etwas sagen. Also habe ich ihn gebeten, heute abend um acht zum Essen zu kommen. Was sollen wir jetzt machen?«

Auch dazu fiel mir nichts ein.

Doch Alice mochte vielleicht vergeßlich sein, phantasielos war sie nicht. Die Erstarrung wich bald von ihr, und als sie wieder zu reden begann, klang es deutlich und entschlossen. »Wir müssen das ganze Essen wiederholen«, sagte sie. »Lucy, geh bitte und sag in der Küche Bescheid. Und außerdem, Lucy, du wirst neben ihm sitzen. Du mußt jeden einzelnen Gang mitessen.«

»Wie wunderbar«, sagte Lucy, und schon war sie in der Küche verschwunden. Dann wandte sich Alice an mich.

»Dich werde ich an seine andere Seite setzen«, sagte sie. »Ich werde so tun, als würde ich essen, und Jack wird auch so tun. Er kann wirklich keinen Bissen mehr hinunterbringen, es wäre sein Tod.«

»Ich kann ganz gut schauspielern«, sagte ich. »Ich werde mein Bestes geben und so tun, als äße ich.«

»Nein, nein«, sagte sie. »Wir können nicht alle so tun als ob. Wenn du nur so tust, als würdest du essen, wird er aufschauen und merken, was hier vorgeht. Du und Lucy, ihr müßt richtig essen. Ihr beide sitzt neben ihm. Ihm gegenüber am Tisch werden drei leere Stühle stehen. Freunde, die aus London kommen wollten und es wohl nicht mehr geschafft haben. Ich werde Lucy ausrichten, es so zu arrangieren. Und ihr müßt essen!«

»Guter Gott«, sagte ich.

Alice sagte nichts.

»Und außerdem bin ich Antialkoholiker«, warf ich ein.

»Das ist ja das Allerneuste«, sagte Alice.

»Irgendwann muß man damit anfangen«, sagte ich, »und ich habe soeben den Vorsatz gefaßt. Kein Pfarrer der Welt kann dagegen etwas einzuwenden haben.«

In dieser Beziehung mußte Alice nachgeben, aber was das Essen anging, blieb sie hart. Und zwar über jeden einzelnen Gang. Als Jack und der Pfarrer von dem Bild zurückkamen, sagte sie ganz einfach und ohne irgendeinen Unterton zu Jack: »Ich befürchte, die Madge-Collinsons kommen nicht mehr. Gerade habe ich Lucy in die Küche geschickt, damit sie dort ausrichtet, daß wir nicht länger auf sie warten wollen. Ich will auch gehen und ihnen sagen, daß sie die Stühle ruhig stehenlassen sollen, um das Essen nicht noch länger zu verzögern.«

Zum Pfarrer sagte sie: »Wir haben noch drei Freunde erwartet, aber sie sind leider nicht gekommen. Ich befürchte, wir werden uns mit dem Essen um fünf Minuten verspäten.« Das war alles.

Und dann begann das Essen wieder von vorn. Lucy hat es sehr genossen.

Adolf Muschg
Platenas, eine Weihnachtsgeschichte

Seit dem Salpeterkrieg im vorletzten Jahrhundert, in dem Chile seinem Nachbarn Bolivien den Zugang zum Stillen Ozean versperrt hat, ist das eroberte Städtchen Platenas arm, aber nicht so arm, daß es seinen Kindern zu Weihnachten nicht die nötigsten Wünsche erfüllen möchte. Dafür wird in der Adventszeit neben dem Postamt eine Kiste mit der Aufschrift »Briefkasten zum Himmel« angeschrieben und jeden Morgen vom Posthalter José geleert. Die Wünsche überraschen ihn selten, denn da in Platenas außer ihm fast niemand schreiben kann, bringen die Kinder ihre Wünsche vorher zu ihm, und während er sie aufschreibt, überlegt er sich bereits, wie sie am besten zu erfüllen wären. Denn auch dafür müssen der Posthalter und seine Frau selbst einen Weg finden, was bei Leuten, die selbst nichts haben, nie ganz hoffnungslos ist, denn etwas zu verschenken haben sie immer noch.

Wahr ist: Post erhalten sie wunderselten, und der Posthalter wäre lange vor dem E-Mail-Zeitalter schon arbeitslos geworden, hätte er nicht Lieferdienste in die Wüste zu versehen gehabt. Als junger Mann war er mit seinem Pick-up durch unbelebte Mondlandschaften fast hundert Kilometer zum größten Teleskop der Welt gefahren, wo die Reinheit der Atmosphäre die tiefsten Blicke in die Unendlichkeit des Universums erlaubt. Aber die Station entvölkerte sich, als hundert Kilometer weiter und tausend Meter höher ein größerer Spiegel noch schärfere Bilder des Weltraums lieferte. Und sie verödete wieder, als es mit Hilfe von Satelliten gelang, die Erdhülle ganz hinter sich zu lassen. Zum Glück gibt es, nur eine halbe Tagereise entfernt, noch eine archäologische Fundstelle, die nicht immer besetzt ist, aber immer wieder. José hätte so gut wie gar keine Post auszutragen, aber wenn die deutschen Ausgräber sich in den eisigen Nächten und glühenden Wüstentagen nach dem wechselnden Grün der Jahreszeiten sehnen, schreiben sie einen Brief an ihre Familien, bekommen oft auch einen zurück, und José sieht zu, daß beide ohne Verzug befördert werden. Aber Fahrlohn und Trinkgeld decken nicht einmal die Benzinkosten, und so begleitet José seine Frau Conchita wieder aufs Feld, um ihr beim Anbau von Mais und Aloe behilflich zu sein, denn die Vergütung, die er vom Staat erhält, ist zum Sterben gerade zu viel, aber zum Leben würde sie auch bei größter Anspruchslosigkeit nicht reichen. Eigene Kinder blieben ihnen versagt, aber in Platenas wachsen immer noch mehr Kinder nach, als es ernähren kann.

Vor Weihnachten haben José und Conchita also wieder ausreichend Gelegenheit, die Wünsche dieser Kinder an den Himmel entgegenzunehmen. Bei ihrer Erfüllung geht ihnen ein junger Mann zur Hand, Pedro, der einzige Sohn von Conchitas jung verstorbener Schwester, den sie bei sich aufgezogen haben und der schon mit zehn Jahren lesen und rechnen konnte wie ein Gott. Dafür hat er ein Stipendium erhalten, um in Iquique Bergbau zu studieren, doch vor Weihnachten kehrt er jedes Jahr nach Platenas zurück. Er ist für die Briefe zuständig, die sich die Kinder wünschen, denn viele Kinder in Platenas haben keinen andern Wunsch, als einmal im Leben selbst einen Brief von der Post zu erhalten, und sie sagen ihm, wer ihn geschrieben haben muß, der heilige Antonius, die Jungfrau Maria, das Jesuskind oder

Gott selbst; diese Briefe schreibt er dann, Don Pedro, wie sie ihn respektvoll nennen, trägt sie selber aus, um das Porto zu sparen, und liest sie den Kindern auch vor, da sie ja nicht lesen können; aber dabei versäumt er nie, ihnen einige Buchstaben beizubringen.

Im vergangenen Jahr gab es im »Briefkasten an den Himmel« zweimal den Wunsch nach einem Bleistift, und zum Glück hatte Don Pedro einen zur Hand, den er in zwei Stücke brechen und, zweimal sauber gespitzt, den Kindern Sebastian und Matilda als Geschenk Gottes austragen konnte. Aber nun hatte auch Gott selbst einen Wunsch an die Kinder, nämlich, daß sie ihren Wunschzettel nächstes Jahr eigenhändig schreiben sollten. Wenn man, wie José, Conchita und auch Don Pedro, in Platenas über die nötigen Verbindungen verfügt, zeigen sich die meisten Wünsche an den Himmel erfüllbar. Da gab es etwa ein kleines Mädchen, das sich zu Weihnachten einen Stuhl wünschte, denn in ihrer Familie waren sie zu neunt, hatten aber nur vier Stühle, und der Vater sollte sich richtig hinsetzen können, nachdem ihn die Arbeit im Steinbruch steif und lahm gemacht hat. Conchita kennt ein Haus, in welchem ein Stuhl so gut wie ungebraucht herumsteht, und da er etwas defekt ist, weiß José, wie man ihn flickt. Daß man sich größere Wünsche eines Tages selbst erfüllen muß, erzählt Don Pedro jedem, der es hören will, und denen, die es nicht hören wollen, erzählt er es erst recht. Als der einzige Student in Platenas ist er eine Art Wundermann, und da er dafür sorgen kann, daß der Himmel wenigstens die wirklich nötigen Wünsche erfüllt, wie diejenigen nach einem Bleistift, glaubt man ihm auch widerwillig.

Letztes Jahr aber fand sich ein großer, ja ungeheuerlicher

Wunsch im Briefkasten an den Himmel. Denn Sebastian, eines der Kinder, die letztes Jahr einen Bleistift geschenkt bekommen hatten, wünschte sich, eigenhändig geschrieben, eine Krone zu Weihnachten, eine richtige Krone, denn da jeder Heilige in der Kirche damit versehen sei, könne es im Himmel an Kronen nicht fehlen.

Merkwürdigerweise nahm Don Pedro diesen Wunsch ernst, vielleicht weil er selbstgeschrieben und beinahe fehlerlos war. Er ging in die Wüste, schnitt ein paar Zweige eines Dornbuschs und flocht eine Krone daraus. José aber öffnete behutsam so viele Pakete, die als Weihnachtspost für die Archäologen bestimmt waren, bis er in einem von ihnen ein Töpfchen Goldfarbe gefunden hatte. Statt Nüsse zu vergolden, bemalte Conchita die Krone mit aller Sorgfalt, bis auch der letzte Stachel von Gold strahlte wie ein Heiligenschein, und Don Pedro brachte Sebastian die Krone ins Haus, setzte sie ihm auf den Kopf und brachte ihm zugleich ein Buch zum Lesen mit.

Im nächsten Jahr kehrte Don Pedro nicht ins Dorf zurück, im übernächsten auch nicht, es hieß, er müsse sein Studium beenden; dann hörte man drei Jahre nichts mehr von ihm. Als das Militär nach Platenas kam, fragte der Offizier in schneeweißer Uniform den Posthalter und seine Frau, wo sie ihren Neffen versteckt hielten. Als sie es nicht wußten, wurden sie an ihre Stühle gefesselt, und als José immer noch nicht wußte, wo Don Pedro geblieben war, ließ der Offizier die beiden alten Leute vor das Haus tragen und auf ihren Stühlen sitzen, einen Tag, eine Nacht und noch einen Tag; und dieser Tag war nicht nur der heißeste des Jahres, es war auch der Tag vor Heiligabend. Hie und da kam der Offizier vorbei, um seine Zigarette auf Josés trockenen Lippen auszudrücken, und hörte nicht auf, ihm eindringlich zuzureden. Erst als ihm, aus heiterem Himmel, ein Schuß ins Wort fiel, wandte er sich wie erstaunt zur Seite, griff sich an die weiße Uniformbrust, ließ sich auf ein Knie nieder und sank dann langsam auf den Rücken. Das folgende Feuergefecht dauerte nicht lange, da die Soldaten nicht wußten, wohin sie zielen sollten, doch dann wurden sie von einer strengen Stimme aufgefordert, ihre Waffen wegzuwerfen. Da sie sich nichts anderes gewünscht hatten, hoben sie dankbar die Hände und verschränkten sie im Nacken.

Don Pedro trat aus der Deckung des Baumes, hinter dem er sich versteckt hatte, rief Sebastians Namen, und der kam aus dem Haus, die goldene Krone in der Hand, die er dem Posthalter so behutsam auf den Kopf setzte, daß ihn kein Dorn beschädigen konnte, während Don Pedro die Stricke zerschnitt, mit denen Josés Frau und er an die Stühle gefesselt waren. Reden konnten die beiden noch nicht, aber sie saßen in der Dezembersonne und lächelten mit versengten Lippen, denn soweit sie sich Wünsche erlaubt hatten, hatten sie sich nie etwas anderes gewünscht, als einmal von allen Pflichten befreit nur noch in der Sonne zu sitzen. Unterdessen breitete sich auf der Brust des Offiziers ein roter Fleck aus, sternförmig wie der Orden, den er sich immer gewünscht hatte, und die Leute von Platenas traten aus ihren Hütten und huldigten José, dem Posthalter, und seiner Frau, denn einen solchen König, eine solche Königin hatten sie sich immer gewünscht.

Dann brachte Sebastian die Schachtel, die mit »Briefkasten an den Himmel« bezeichnet war, öffnete sie, und siehe, es lag kein einziger Wunsch mehr darin. Don Pedro verkündete laut, daß allem Volk eine große Freude widerfahren sei, denn alle seine Wünsche müßten erfüllt sein, auch diejenigen, die es sich noch nie zu wünschen getraut hatte. Am Schluß kam die junge Frau, Matilda, die als Mädchen die andere Hälfte des Bleistifts erhalten hatte, und während Sebastian die Weihnachtsszene auf einem großen Blatt zu zeichnen begann, schrieb sie Matilda in ein kleines Heft, aus dem ich heute die Ehre habe sie euch vorzulesen, zum Zeichen, daß Platenas, der vergessenen Stadt am Rande der Wüste und am Fuße der Kordilleren, zum ersten Mal in seiner Geschichte nichts mehr zu wünschen übrigbleibt.

Eigentlich hat es ja gar nie eine Geschichte gehabt, aber als Sebastian fertig gezeichnet hatte, legte er seine Hand in diejenige Matildas, die das kleine Buch weggelegt hatte, damit der königliche Posthalter die beiden trauen konnte.

Damit begann doch eine Geschichte, und wenn sie euch etwa bekannt vorkommen sollte, täuscht ihr euch sehr. Denn für die Beteiligten war sie neu und unerhört, und andere als Beteiligte hat sie nicht nötig. In diesem Augenblick stand in Platenas die Zeit still, wie einst der Stern über dem Stall von Bethlehem, zum Zeichen der ersten gelungenen Revolution der Geschichte. Natürlich ist diese danach weitergegangen, Himmelskörper und Menschenleiber fuhren bald wieder fort, sich zu drehen und zu wenden, und die Verhältnisse verwickelten sich wie üblich. Dennoch bleibt die Erinnerung daran unauslöschlich, daß der Augenblick, den Sebastian gezeichnet und Matilda aufgeschrieben hat, zwar niemals Geschichte macht, aber auch keine wird. Denn die Geschichte geschieht um ihretwillen, nicht etwa umgekehrt: Im rechten Augenblick zerreißt ihr Schleier, und sie wird durchsichtig auf ihr Ziel, das wunschlose Sitzen vor dem Haus. Wenn es ein Glück ist, wird auch niemand erwarten, daß es dauert. Ein Glück ist nur, daß die vergoldete Dornenkrone damals verschwunden und nie mehr zum Vorschein gekommen ist.

Das Heft Matildas aber ist wieder zum Vorschein gekommen, nachdem sie und Sebastian verschwunden sind, sonst könnte ich nicht daraus vorlesen, aber das ist wieder eine andere Geschichte, und unsere eigene lebt davon, daß wir nicht alles aufs Mal erzählen müssen. Man kann auch etwas festhalten, und ich wünsche mir, daß das, was wir an diesem Tag, in diesem Augenblick festhalten, ein Glück bleibt.

Quellennachweise

Etel Adnan (*1925)
Belauscht, S. 136. Aus: Etel Adnan, Der Herr der Finsternis. Erzählungen. Mit einem Nachwort der Autorin. Aus dem Englischen von Christel Dormagen. Der Band erscheint im Frühjahr 2009 im Suhrkamp Verlag Frankfurt am Main.

Iso Camartin (*1944)
Weihnachten, S. 31. Aus: Iso Camartin, Graziendienst. © Suhrkamp Verlag Frankfurt am Main 1999.

Doris Dörrie (*1955)
Eine polnische Weihnachtsgans, S. 119. Aus: So eine Bescherung! Ein literarischer Gabentisch. Herausgegeben von Brigitta Rambeck. Deutscher Taschenbuch Verlag, München 2004. © Doris Dörrie.

Lord Dunsany (1878-1957)
Das doppelte Weihnachtsessen, S. 142. Aus: Der kleine Adventsbegleiter. Auswahl und Übertragung aus dem Englischen von Anne Rademacher. Piper Verlag, München und Zürich 1995. Für den Originaltext »Two Christmas Dinners«: © by The Lord Dunsany Will Trust, used by arrangement with Curtis Brown Group, London, and Agence Hoffman, Munich. Für die deutsche Übersetzung: © Anne Rademacher.

Peter Härtling (*1933)
Zwei Lieder, S. 9. Aus: Peter Härtling, Gesammelte Werke. Band 7: Autobiographische Romane. Herausgegeben von Klaus Siblewski. © 1997 by Verlag Kiepenheuer & Witsch, Köln.

Knut Hamsun (1859-1952)
Weihnachtszeit, S. 112. Aus: Knut Hamsun, Ein Lebensfragment. Erzählungen. Aus dem Norwegischen von Gert Imbeck und Lothar Schneider. © 1989 List Verlag in der Ullstein Buchverlage GmbH, Berlin.

Patricia Highsmith (1921-1995)
Eine Uhr tickt zu Weihnachten, S. 66. Aus: Patricia Highsmith, Nixen auf dem Golfplatz. Erzählungen. Aus dem Amerikanischen von Anne Uhde. Copyright © 1985, 1987 Diogenes Verlag AG Zürich.

Erich Kästner (1899-1974)
Ein Kind hat Kummer, S. 47. Aus: Erich Kästner, Als ich ein kleiner

Junge war. Atrium Verlag, Zürich 1957. © Atrium Verlag, Zürich, und Thomas Kästner.

Marie Luise Kaschnitz (1901-1974)
Was war das für ein Fest?, S. 28. Aus: Marie Luise Kaschnitz, Gesammelte Werke in sieben Bänden. Herausgegeben von Christian Büttrich und Norbert Miller. Band 5: Die Erzählungen. Gesammelte Werke © Insel Verlag Frankfurt am Main 1983. © Iris Schnebel-Kaschnitz.

Selma Lagerlöf (1858-1940)
Die Heilige Nacht, S. 35. Aus: Selma Lagerlöf, Christuslegenden. Aus dem Schwedischen von Marie Franzos. © 1948 by nymphenburger in der F. A. Herbig Verlagsbuchhandlung GmbH, München.

Julio Llamazares (*1955)
Eine Truthahnleiche im Kühlschrank, S. 127. Aus dem Spanischen von Theres Moser. Aus: Weihnachtsgeschichten aus Spanien. Herausgegeben von Michi Strausfeld. © der deutschen Ausgabe Insel Verlag Frankfurt am Main und Leipzig 2001.

Bernard Mac Laverty (*1942)
Ein Weihnachtsgeschenk, S. 102. Aus: Bernard Mac Laverty, Geheimnisse und andere Erzählungen. Aus dem Englischen von Hans-Christian Oeser. Copyright © 1990, 1992 Diogenes Verlag AG Zürich.

Carson McCullers (1917-1967)
Heiligabend im Krankenhaus, S. 99. Aus: Carson McCullers, Gesammelte Erzählungen. Aus dem Amerikanischen von Elisabeth Schnack. Copyright © 2004 Diogenes Verlag AG Zürich.

Adolf Muschg (*1934)
Platenas, eine Weihnachtsgeschichte, S. 147. Aus: Die Geschichtenerzähler. Neues und Unbekanntes von Allende bis Zafón. Suhrkamp Verlag Frankfurt am Main 2008. Abdruck mit freundlicher Genehmigung des Autors.

Bärbel Reetz (*1942)
Advent, S. 90. Aus: Bärbel Reetz, Abgetaucht. Geschichten. © Suhrkamp Verlag Frankfurt am Main 2004.

Dylan Thomas (1914-1953)
Weihnachtserinnerungen, S. 18. Aus: Dylan Thomas, Unter dem Milchwald. Texte für Stimmen. Ausgewählte Briefe. Herausgegeben von Klaus Martens. Aus dem Englischen von Erich Fried, Klaus Martens und Margit Peterfy. © 1996 Carl Hanser Verlag, München.

Regine Ullmann (1884-1961)
Weihnachtsvisite, S. 42. Aus: Regine Ullmann, Die Landstraße. Erzählungen. Mit einem Nachwort von Peter Hamm. © 2007 Nagel & Kimche im Carl Hanser Verlag, München.

Fay Weldon (*1933)
Wer geht wohin?, S. 52. Aus: Der Mond über Minneapolis Or Why She Couldn't Stay. Erzählungen. Aus dem Englischen von Sabine Hedinger. Copyright der Originalausgabe (*Moon over Minneapolis*) © 1991 by Fay Weldon. Copyright der deutschen Übersetzung © 1994 by Hoffmann und Campe Verlag, Hamburg.

Weihnachtsbücher im Insel Verlag Eine Auswahl

Alle Jahre wieder. Ein Weihnachtsbuch. Geschichten, Lieder und Bilder aus alter und neuer Zeit. Ausgewählt von Gottfried Natalis. it 1362 446 Seiten

Hans Christian Andersen. Die Schneekönigin. Übersetzt von Eva-Maria Blühm. Mit farbigen Illustrationen von Birgit Ackermann. it 2578. 120 Seiten

Hans Christian Andersen. Weihnachts- und Wintermärchen. Ausgewählt von Ulrich Sonnenberg. it 2694. 180 Seiten

Elizabeth von Arnim. Weihnachten. Ausgewählt und übersetzt von Angelika Beck. Großdruck. it 2406. 126 Seiten

Das Buch vom Schnee. Lesestoff für trübe Wintertage. Herausgegeben von Simone Frieling. it 2695 221 Seiten

Deutsche Weihnachtslieder. Zweistimmig gesetzt von Helmut Walcha. Vignetten von Willi Harwerth. Notenschrift und Satzgestaltung: Paul Koch. IB 1027. 72 Seiten

Charles Dickens. Die Silvesterglocken. Ein Märchen von Glocken, die ein altes Jahr aus- und ein neues Jahr einläuteten. Mit elf Federzeichnungen nach der Erstausgabe von 1845. IB 89. 133 Seiten

Charles Dickens. Der Weihnachtsabend. IB 1209. 120 Seiten

Charles Dickens. Weihnachtserzählungen. Mit Illustrationen von Leech, Stanfiels, Stone u.a. it 358. 512 Seiten

NF 41/1/10.07